Wolfgang Körner

Das spirituelle Gesicht Nürnbergs

Strukturen einer geomantischen Stadtentwicklung

Wolfgang Körner
Das spirituelle Gesicht Nürnbergs
Strukturen einer geomantischen Stadtentwicklung

Nachdruck 2025
veröffentlicht im Synergia Verlag, Alle, JU/ CH,
eine Marke der Sentovision GmbH/ S.A.R.L.

Vertrieb und Ansprechstelle für die Produktsicherheit in der EU:
Synergia Auslieferung GmbH
Industriestr. 20
64380 Roßdorf
info@synergia-auslieferung.de

wolfgang.koerner@norisgeo.de

Umschlagbild unter Verwendung eines Fotos des Nürnberger Stadtmodells am Rathausplatz
von Egbert Broerken, Soest

Titel und Gestaltung: BaronGrafik, Nürnberg

ISBN: 978-3-9392727-8-6

Inhaltsverzeichnis

III. BETRACHTUNG DER GEOMANTISCHEN STRUKTUR NÜRNBERGS

1. Die Leylinien

2. Zentren der Kraft

3. Die Einstrahlpunkte der Planetenkräfte

Widmung

Dieses Buch widme ich meiner lieben Frau Ottilie,
die mich seit den Achtziger Jahren auf meinem Weg begleitet.
Immer wieder hat mich ihre Inspiration erfrischt und
beflügelt. Sie hat mir stets den Rücken freigehalten – nur so
konnte ich diese Erfahrungen machen und niederschreiben.

Eine persönliche Vorbemerkung

Als Kind konnte ich die Kraft der Natur spüren. Wenn ich im Gras lag und die Wolken am Himmel beobachtete, waren sie mir ganz nahe. Beim Gießen der Pflanzen war ich zutiefst mit deren Geist verbunden.

In den frühen Siebziger Jahren war es eines meiner Anliegen, die spirituellen Gemeinsamkeiten verschiedener Religionen und Philosophien herauszufinden. Lessings Ringparabel aus dem „Nathan" hatte mich schon in der Schule fasziniert. Ich beschäftigte mich mit *Zen-Buddhismus*, las das tibetische und das ägyptische Totenbuch, Carl Gustav Jung und Hermann Hesse. Wir hörten damals die *Fugs*, eine Band von Gegnern des Vietnamkrieges. Einer der Songwriter war Allen Ginsberg, damals ein Provokateur, heute Meditationslehrer in der Tradition des tibetischen Buddhismus. Ich machte in dieser Zeit erste Erfahrungen mit Meditation unter Anleitung von Paula Grandy, einer Lehrerin der Schule nach Karlfried Graf Dürckheim und durfte im Kloster Beuron den Zenmeister Roshi Tetsuro Nagaya in einem einwöchigen Sesshin gemeinsam mit Pater Enomiya Lassalle SJ erleben.

Ende der Siebziger trat ich der Anthroposophischen Gesellschaft bei. Aus den Werken Rudolf Steiners gewann ich neue Dimensionen für mein Bild einer geistigen Welt. So begann ich, meinen Wahrnehmungsorganismus ein Stück tiefer auszubilden.

Der weitere Weg führte mich als Landschaftsarchitekt in den Achtziger Jahren zur genaueren Wahrnehmung des Lebendigen. Ich gründete ein Kompostwerk in Nürnberg, das mit selbst hergestellten biologisch-dynamischen Präparaten arbeitete und beschäftigte mich mit dem Zusammenhang zwischen Pflanzenwachstum und Planetenwirkungen, also dem kosmischen Umfeld der jeweiligen Landschaft. In meiner planerischen Tätigkeit konnte ich in den Stadterneuerungsgebieten der Nürnberger Innenstadt einige Hektar versiegelte Fläche wieder begrünen. Gleichzeitig erarbeitete und verwirklichte ich dort eine Formenvielfalt, die erfolgreich dem Diktat des rechten Winkels trotzte. Wichtig war mir dabei, für den jeweiligen sozialen Organismus den passenden Raum zu schaffen. So arbeitete ich zu dieser Zeit bei Hinterhofbegrünungen vorzugsweise mit den Bewohnern zusammen.

Eine Reise zu den Pyramiden von Gizeh mit sehr eindrücklichen Erfahrungen in der Königskammer der Cheopspyramide löste in mir einen weiteren Entwicklungsschub aus, der konkrete geistige Erfahrungen bewirkte. Ich möchte diese Erfahrung als auratische Wahrnehmung beschreiben. Danach begann ich mit der Ausbildung zum Geomanten bei *Hagia Chora* - Schule für Geomantie. Dort lernte ich den Großteil der heute maßgeblichen geomantischen Richtungen kennen. Ein wichtiger Lehrer war für mich Marko Pogacnik, mit dem ich später in einigen Projekten auch zusammenarbeitete. Seit 1996 arbeite ich als Erdheiler mit dem Schwerpunkt Großraum Nürnberg.
Bei der Erdheilung geht man davon aus, dass, ähnlich wie in der Akupunktur, durch gezielte Steinsetzungen gestörte oder blockierte Energien befreit werden können. So bemühte ich mich um die qualitative Verbesserung der energetischen Systeme der Stadt, die Versorgung mit Lebenskraft, die Öffnung der Landschaft für geistige Impulse, nicht zuletzt auch um das Heranführen von fühligen Menschen an Ethik und Arbeitsweise der Geomantie.
In dieser Zeit lernte ich Nürnberg von einer ganz anderen Seite kennen, denn ich wurde durch die Erdheilungsarbeit oft an mir bisher unbekannte Orte geführt. Dadurch wurden mir räumliche und geschichtliche Zusammenhänge in einer ganz anderen Sichtweise klar.
So will dieses Buch auch Hinweise geben, wo und wie man in Nürnberg in Kontakt mit dem feinstofflichen und geistigen Raum kommen kann. Nur die eigene Erfahrung schafft sichere Grundlagen für den weiteren Weg ins Geistige. Jeder und Jede wird dies für sich neu und auch anders formulieren. Dazu fordere ich ausdrücklich auf.
Das Wassermannzeitalter erfordert eine bewusste Ausbildung der außersinnlichen Wahrnehmung, damit wir uns auf dieser erweiterten Ebene verständigen und gemeinsam zu neuen Arbeitsmethoden kommen können. Dabei ist zu beobachten, dass sich verkrustete Meinungen und sanktionierte Unwahrheiten überall auflösen und Platz für neue Perspektiven schaffen.
So habe ich mir angewöhnt, gerade der peripheren, anscheinend unbedeutenden Wahrnehmung einen hohen Stellenwert zuzumessen und sie nicht von vornherein mit vorauseilendem Urteil zu ersticken. Es ist wichtig für die geomantische Arbeit, Gedanken, Meinungen und Stimmungen sorgfältig in sich selbst wahrzunehmen. Auch hier achte ich auf die anscheinend neben-

sächlichen Dinge und lasse sie unkommentiert so zu, wie sie auftauchen. Während der Kontaktaufnahme mit dem untersuchten Ort interpretiere ich nichts, sondern nehme mir weitere Überlegungen später vor, erst oft nach Tagen. Ich nehme Erklärungen ernst, die wie von selbst in mir aufsteigen, bedenke sie und bewege sie im Herzen. Das Urteilen hat seinen Platz erst in der Dimension des moralischen Handelns, d.h. im Bereich der notwendigen Entscheidungen und nicht schon während der Wahrnehmung. Durch die Kombination von Radiästhesie und Geomantie mit meditativer und kontemplativer Bewusstseinsschulung war ich auf Phänomene gestoßen, die außerhalb der „normalen" sinnlichen Wahrnehmung liegen. Sinnliche und übersinnliche Wahrnehmungen werden durch nachträgliches Bedenken in die geistige Ganzheit eingebunden. Dieser Prozess ist mir zu einer Quelle der Freude geworden.

Die Suche nach der geistigen Welt

In den keltischen und germanischen Mythen war die feinstoffliche Welt Thema der Göttersagen. Ich liebte als Kind die Kämpfe Thors mit den Riesen. Seit Bonifazius, dem päpstlichen Legaten für Germanien bis zum Beginn der Neuzeit waren die römisch-christlichen Interpretationsmuster der feinstofflichen Welt Grundlage der Kultur und auch der Sprache. Auffallend ist in dieser Zeit die machtorientierte Einstellung der Kirche. So belegte sie die Ausübung „heidnischer" Kulte mit strengen Strafen und gliederte sie als Marien- und Heiligenerscheinungen in ihren Wertekatalog ein.
Heute gibt es für den Diskurs über die feinstoffliche Seite der Welt keine allgemein gültige Norm mehr. Die moderne Spiritualität bietet viele verschiedene Ansätze zur Interpretation. Dieses Gebiet ist vielgestaltig, enthält aber natürlich auch äußerst Fragwürdiges.
Neben den neueren europäischen Ansätzen wie Theosophie, Anthroposophie und dem Wissen der *Weißen Bruderschaft* sind gleichzeitig buddhistische, taoistische, indianische, die der australischen Aborigines und viele andere Wege zur Erkenntnis verfügbar. Neu und wichtig ist, dass die eigene

Erfahrung im Vordergrund stehen darf, denn es gibt keinen „einzig richtigen" Weg mehr.

Wenn ich Spuren und Äußerungen von geistigen Wesenheiten wahrnehme, die für den üblichen Gebrauch der Sinnesorgane unsichtbar sind, entsteht dabei die Frage: Was will mir dies in diesem Augenblick sagen und vor allem, *wer* will mir etwas sagen?

Die erste Frage führte mich sowohl zu erhöhter Aufmerksamkeit gegenüber den Regungen meiner feinstofflichen Umgebung, als auch für meine eigene Reaktion hierauf. Die zweite Frage öffnete mir die komplexe Welt der Wesenheiten, die wir nicht sehen können und die doch sehr „wesentlich" mit uns verbunden sind. Ich habe daher für meine geomantische Arbeit die Hypothese, dass es sich dabei um Elementarwesen (Naturgeister) und um Geistwesen der Engelshierarchien handelt.

Da ich ein Wahrheitsliebender (*griech. philosophos*) bin, habe ich mir ein Weltmodell gesucht, durch das ich diese Sichtweise erklären kann.Über, hinter oder unter allem, was sagbar, sichtbar, spürbar oder hörbar ist, gibt es ein Sein, das zugleich Urgrund, Ursprung, Anfang und Ziel von Allem ist.

Ich verwende im Folgenden die Begriffe Daseinsebene oder Daseinssphäre. Häufig liest man in der heutigen esoterischen Literatur auch den Begriff Dimension. Dieser Begriff ist für meinen Geschmack zu sehr mit Mathematik und Physik verbunden, denn er bedeutet ja auch Abmessung. Doch die Illusion von Objektivität erzeugt eine leblose und lieblose Neutralität gegenüber dem Wahrgenommenen und behindert die anfangs beschriebene Offenheit. Diese Einstellung ist aber eine der Hauptursachen dafür, dass die Welt nicht mehr als wesenhaft und lebendig gesehen wird. Hier sollte endlich der lange anstehende Paradigmenwechsel geschehen!

Objektivität als Grundlage von Wissenschaft wird zum Beispiel vom Verband der Deutschen Wissenschaftler abgelehnt in der „Potsdamer Denkschrift 2005"(1). Der wissenschaftlichen Einengung durch die „Neutralität" werden Konzepte aus der Quantenmechanik entgegengesetzt. Wandlung, Kreativität und Zusammenarbeit werden als die wirklich grundlegenden Prinzipien der Natur erkannt. Im wiederholbaren Versuch müssen Erwartung und emotionale Befindlichkeit Teil der Versuchsbeschreibung sein. So kommt man dem Verbundensein des Forschers mit seiner Mitwelt etwas näher.

Meine Wahrnehmung – ein Weg

Aus welcher Quelle kommt jeweils, was ich sehe, mit der Rute erarbeite, höre oder an Gedankenfeldern in mir wahrnehme? Dies ist kein aktives Nachdenken, sondern mein Bewusstsein richtet sich (und das bedarf natürlich einiger Übung) völlig freilassend auf die sachlichen Fragen nach Kraft, Herkunft und Wirkungsweise des Wahrgenommenen. Kommt eine Antwort, dann weiß ich, dass mein Gedankenfeld in diesem Augenblick wirklich ohne Ego war und mein Eigenwille die Resonanz nicht behindert hat.
Ich habe in meiner geomantischen Arbeit gelernt, dass es von großem Nutzen ist, die Daseinsebene, von der aus die sinnliche Welt geprägt wird, genauer zu bestimmen. Dabei lehne ich mich an das anthroposophische Weltbild an, das mir bisher ausreichend freiheitliche Denkmodelle bietet.
Ich bezeichne höhere Dimensionen als höhere Daseinssphären oder -ebenen. (In der Theosophie wird hierfür der Ausdruck „höhere Pläne" verwendet.) Der Ausdruck Sphäre drückt mit seinem räumlichen Aspekt aus, dass sich andere Sphären mit dieser überschneiden oder in ihr enthalten sein können. Dies ist wichtig, um ein ganzheitliches und mehrdimensionales Bild auch in der Sprache zu eröffnen.

I. WELTBILD UND METHODIK

1. DAS SPHÄRENMODELL DER WIRKLICHKEIT

Auf der Basis seiner quantenphysikalischen Erkenntnisse unterscheidet Hans-Peter Dürr (2) zwischen *Realität* und *Wirklichkeit*. Realität ist für ihn die abgetrennte Sicht, die sich dadurch bestimmt, Handlungen im Hinblick auf das Erreichen von Zielen zu optimieren. Wirklichkeit ist für ihn eine ganzheitliche Einstellung, die keine Trennungen und Bewertungen vornimmt. Er betont hierbei das Prinzip des Wirkenden. Die Grundbausteine der Welt bezeichnet er auch deshalb als *Wirks*. Bei dem slowenischen Geomanten und Künstler Marko Pogacnik (3) ist die Wirklichkeit mehrdimensional und enthält neben der Alltags-Sinnenwelt noch eine Kraftebene und den Bereich der *Urbilder*. Rudolf Steiner gliedert die Welt in verschiedene Seinsebenen, die immer zusammengehören, aber ihre eigenen Gesetzmäßigkeiten haben.

Vorauszuschicken ist, dass nach konventioneller Ansicht bei der Wahrnehmung feinstofflicher Vorgänge der Zugang lediglich über die physischen Sinne erfolgen sollte. In Wirklichkeit ist aber bereits die physische Wahrnehmung durch Vorgänge auf der Gefühlsebene, also von unserer jeweiligen Befindlichkeit geprägt, ferner von unseren Vorstellungen und unserem Vorwissen. Außerdem machen sich hier Einflüsse aus dem ätherischen und dem Bereich der geistigen Welt bemerkbar. Beschreiben wir zunächst:

Die physische Sphäre

Unser unmittelbarer Erfahrungsraum beschäftigt sich mit der physischen Schicht oder Oberfläche. Hier findet man alles, was mit den äußeren Sinnen wahrzunehmen ist.

Es ist das heute allgemeingültige Weltbild. Dazu kommt anerkanntermaßen auch ein unsichtbarer Anteil, der sich in Form von elektromagnetischen Schwingungen oder auch Strömen von Elementarteilchen äußert. Hierzu gehören vor allem die mit dem Instrumentarium der Radiästhesie wahrnehmbaren elektromagnetischen Mikrowellen und nach Reiner Gebbensleben der Hyperschall (4). Dieses ganze Spektrum von Phänomenen ist in einer sehr feinen Form noch physisch. Licht und Schall gehören in gleicher Weise zu dieser Kategorie.

In diesem Bereich der feineren physischen Realität hat unsere Zivilisation schon ganz gehörig für Chaos gesorgt. Besonders die technisch erzeugten elektromagnetischen Schwingungen sind hierfür bekannt. Sie decken den Bereich von wenigen Hertz bis zum Terahertzbereich ab. Die extrem langwelligen Strahlungen haben durch ihre direkte Resonanz zu den menschlichen Hirnwellen sogar psychotrope, das heißt, die Psyche verändernde Wirkungen. Auch der Hochfrequenzbereich der Funknetze hat, wie zur Genüge erforscht, massive Auswirkungen auf das Nervensystem. Nicht zuletzt sind die substanziellen Wirkungen von Umweltgiften, Nahrungszusatzstoffen und Wohngiften weitere Ursachen für lebensfeindliche Zustände.

Auch die heutige Bauweise spielt eine bedeutende Rolle bei der Veränderung des allgemeinen „Schwingungsklimas“. So kann zum Beispiel der Bewehrungsstahl im Beton verstärkend auf die Schwingung von Wasseradern, Verwerfungen und den Hyperschall wirken, der laut Gebbensleben über das Knochengerüst aufgenommen wird. Ökologische Bauweisen dagegen verursachen in der Regel nicht so große Schwingungsprobleme, wenn die Problematik des Elektrosmogs fachgerecht berücksichtigt wird.

Die ätherische Sphäre

Deutlich vom Materiellen abgesetzt ist die Sphäre der ätherischen Wahrnehmung. Sie funktioniert nicht mehr über die vermeintlich objektiven äußeren Sinne. Eine Brücke bildet zunächst die seelische Empathie, die den ätherisch Forschenden in gewisser Weise in einen resonanten Zustand für den jeweiligen

Wahrnehmungsbereich verwandelt. Danach können auch wieder die physisch dienlichen Sinne eingesetzt werden. Die ätherische Sensibilisierung *benetzt* dann sozusagen die sinnliche Wahrnehmung.
So komme ich zum Beispiel zu einem Bild einer Landschaft, das, ähnlich wie in der physischen Wahrnehmung, räumliche Ausdehnung und Bewegung hat. Ich finde Kraftströmungen mit einer bestimmten Ausrichtung und spürbaren Abgrenzungen. Ich finde auch Reste von Vergangenem, zum Beispiel von Kämpfen oder Kulthandlungen.
Ich bemerke, dass ätherische Phänomene mit meiner Vorstellungskraft interagieren, was auf der physischen Ebene nicht so leicht der Fall ist: wir können uns in der Regel darauf verlassen, dass ein Tisch ein Tisch bleibt. Im Ätherischen dagegen verändert unsere Vorstellung die Phänomene. Die besonderen Kennzeichen der ätherischen Sphäre sind eine in sich weniger abgegrenzte Räumlichkeit und eine starke Reaktionsfähigkeit auf den Wahrnehmenden, die ein bewusst subjektives Herangehen erfordern.

Die astrale Sphäre

So bezeichnen wir die Gefühlsebene. Traumbilder zum Beispiel drücken eine astrale Realität aus. In den Träumen gibt es Bilder, die sich in vielen Kulturen gleichen, sie werden nach Carl Gustav Jung Archetypen genannt (5). Zu ihnen gehören unter anderem als Grundmuster die Sternbilder und die planetaren Energien. Daher hat diese Sphäre ihren Namen (astral = die Sterne betreffend). Astrale Wesenheiten teilen sich dem Menschen zunächst, wie erwähnt, über Gefühle und Träume, zweitens in einer sehr bildhaften Sprache mit. Der astrale Raum kann nach meiner Erfahrung an verschiedenen Orten völlig verschiedene Qualitäten haben. In ihm ist das Bewusstsein der Landschaft manifestiert.
Die frühe Überlieferung in Sagen und Märchen kennt die Elementarwesen (Feen, Zwerge und Wassergeister), die als Verkörperungen der astralen Schicht der Landschaft anzusehen sind. An solchen Orten herrscht meistens eine ganz spezielle, prägnante Stimmung, auch eine Atmosphäre von Hingabe und Kon-

zentration. Oft betreuen Elementarwesen spezielle landschaftliche Kraftfelder. Das ist durchaus auch im städtischen Bereich der Fall.
In der Astralsphäre kann man aber auch „emotionalen Abfall“ finden. Dies sind zum Beispiel negative Gefühle, die von Menschen abgegeben werden und ab einer bestimmten Stärke als relativ selbstständige Phänomene bestehen bleiben. Sie sammeln sich an bestimmten Orten, wie zum Beispiel Erdverwerfungen oder sogenannten Einatmungspunkten und ziehen dann verwandte Geistwesen an. Hierzu gehören Gefühle wie Schreck, Panik, Schmerz, Angst und Depression.
Solche problematischen Astralbereiche haben in Nürnberg, wie in allen bombardierten Städten, ihre Ursachen in vergangenen Kriegsereignissen. Der Schock, der beim Erleben dieser Explosionen von den Bürgern empfunden wurde, hat sich zunächst in die Landschaft eingeprägt. Eine der vielen Aufgaben der Geomantie ist die Auflösung solcher Fehlprägungen.Ebenso kommt es natürlich vor, dass bestimmte Plätze von Heiterkeit und Zuversicht geprägt sind. Hier ist der beschriebene Vorgang positiv gepolt. Typische Beispiele hierfür sind Gaststätten bei Wallfahrtsorten wie auf dem Staffelberg bei Staffelstein oder dem Gügel bei Bamberg. Hier herrscht eine leichte und feine Heiterkeit. Ebenso sind Kirchweihplätze meist von heiterem Charakter, wenn auch etwas derber geartet.

Die geistigen Sphären: Das Ichbewusstsein

Die erste Sphäre des Geistes ist der Bereich, in dem das menschliche Ichbewusstsein in der heutigen Entwicklungsstufe lebt. Dieses Ich integriert all das, was während der jeweiligen Inkarnation an Hüllen ausgebildet wurde (Körper, Ätherleib, Astralleib, soziale Umgebung, Lebensaufgaben). Es macht damit die eigentliche Menschlichkeit aus. Nach dem Tod bleibt das Ich des Menschen auch nach Ablegen der irdischen Hüllen als Wesenskern erhalten. Was das Ich in der geistigen Welt erlebt, wird in die nächste Inkarnation als Orientierung für das Lebensziel mitgenommen und ist damit sowohl Verbindung zwischen der geistigen und der materiellen Welt, als auch

zwischen Leben und Tod. Nach neuesten EMNID-Umfragen ist eine wachsende Anzahl von Befragten davon überzeugt, wiedergeboren zu werden (6).
Für das Ich als Verbindung der Welten haben die alten Mythen ein schönes Bild. Es ist der Weltenbaum *Yggdrasil*, was soviel heißt wie „Ichträger". Die Weltenesche verbindet die Unterwelt *Utgard*, die Menschenwelt *Mitgard* und die Götterwelt *Asgard*. Der Mythos dieses Weltenbaumes ist nicht nur bei den Germanen, sondern auch bei vielen anderen Völkern zu finden. So kennen die Sumerer den Heiligen Baum von *Eridu*, die Perser den *Simurgh*-Baum, die Buddhisten den *Bodhi*-Baum, die Hebräer den Lebensbaum der *Kabbala* und die Maya den *Wacah-Chan*. Die Aborigines besteigen zeremoniell einen Baum, der sie in die Traumzeit führt. Keltische Druiden pflanzten ihre Weltenbäume an heiligen Quellen, um Himmel und Erde zusammenzuhalten.
Höhere Naturintelligenzen, gewissermaßen die Führungsriege der Elementarwesen wie Pan, Feenköniginnen und Pflanzen- und Landschaftsdevas, kommunizieren auch gedanklich im Bereich des herangebildeten Ich mit uns. Während wir uns zu einer bewussteren Imagination hin weiterentwickeln, bilden auch die Elementarwesen langsam in sich etwas Vergleichbares wie unser Ichbewusstsein aus.
Dieser Begriff des Ich wird oft verwechselt mit dem sogenannten *Ego*. Karlfried Graf Dürckheim verwendet hierfür auch den Ausdruck *kleines Ich*, ein verkürzter Begriff des *Ich* (7). Das *Ego* bezieht Ereignisse und Begegnungen vordergründig und ausschließlich auf sich selbst und seinen Nutzen. Es lebt in der Polarität, muss sich ständig in seinem Umfeld behaupten und ist weitgehend durch Angst, Mangel und Enttäuschung geprägt. Dadurch wird die Fähigkeit, sich mit der geistigen Welt zu verbinden, entscheidend geschwächt. Darauf bezieht sich auch das buddhistische Bemühen, das *Ich* zu überwinden: es soll das *kleine Ich* zurücktreten, damit das *wahre Ich* wirken kann (siehe auch S. 86).
In der Heranbildung des *Ich* beginnt der Mensch das göttliche Geschenk der Entscheidungsfreiheit verantwortlich zu nutzen. Anleitung hierzu erhält er durch den Beistand der *Aufgestiegenen Meister*.

Die Aufgestiegenen Meister

Bis zum 19. Jahrhundert war nur in speziellen spirituellen Kreisen die Rede von *Aufgestiegenen Meistern*. Zum ersten Mal wurde dieses Thema schriftlich und damit auch öffentlich zugänglich bei Helena Petrowna Blavatsky ab 1875. Ihr Hauptwerk, die Geheimlehre (8) aus dem Jahre 1888 wurde zur Grundlage vieler zeitgenössischer spiritueller Strömungen. Sie berichtete zum ersten Mal auch in öffentlichen Vorträgen über den Kontakt zu *Aufgestiegenen Meistern*. Deren Kennzeichen ist, dass sie sich im Gegensatz zu den Engeln lange Zeit als Menschen inkarniert und den Kreislauf der Wiederverkörperungen durch Vollendung ihres Lernprozesses überwunden haben. Nach diesem sogenannten Aufstiegsprozess sind sie benannt. Durch die Erinnerung an die Erfahrungen ihrer Erdenleben sind sie besonders den Menschen zugetan, die sich ernsthaft um Entwicklung bemühen.
Nachdem Frau Blavatskys Berichte höchst umstritten und als Fälschungen bezeichnet worden waren, zog sich der geistige Impuls, dessen Ausdruck sie gewesen waren, wieder in geschlossene Zirkel zurück.
Rudolf Steiner spricht zwar immer wieder über die *Weiße Bruderschaft*, äußert sich aber nicht näher über das Thema der Aufgestiegenen Meister.
In den USA bildete sich um 1934 mit der *Ich-Bin-Bewegung* um Guy Ballard ein neuer Impuls. Hier waren gechannelte, das heißt spirituell übermittelte Texte des Meisters St. Germain Grundlage. Die Bewegung hatte in Amerika bis zu einer Million Anhänger, ebbte wieder ab und erfuhr eine neue Belebung in den frühen Fünfziger Jahren durch die Organisation der Brücke zur Freiheit um Geraldine Innocente und den aufgestiegenen Meister El Morya (9).
Mit der *Harmonischen Konvergenz* öffnete die geistige Welt 1987 die Wahrnehmung der Menschen in einem sogenannten Quantensprung. Seit dieser Zeit haben deutlich mehr Menschen eigene und voneinander unabhängige spirituelle Erlebnisse, die nicht von ihrem jeweiligen Glauben oder ihrer Lektüre bestimmt werden.
So wird jetzt von vielen der Kontakt mit den *Aufgestiegenen Meistern* gepflegt. In den letzten zwanzig Jahren haben sich zahlreiche kleinere Kreise gebildet, die sich regelmäßig treffen, um Meisterkraft und Eigenart näher

kennen und damit umzugehen lernen. Die Möglichkeiten, die das Internet heute in diesem Bereich mit vielfältigen Informationen und Foren bietet, sind beachtlich, wenn auch immer wieder kritisch zu prüfen.
Rudolf Steiner spricht über dieses Thema in seinem Vortrag: „Was tut der Engel in unserem Astralleib ?“ (10). Er schildert, dass sich die Entwicklung zum Ende des Jahrtausends, impulsiert von der geistigen Welt, mit einem Ruck vollziehen wird. Ich selbst begegne bei meiner geomantischen Arbeit häufig diesen sehr effektiven Helfern der Menschheit und bitte sie um ihre Präsenz. Ebenfalls erfolgt Unterstützung durch den Beistand der:

Engelwesen

Über der Ich-Sphäre sind die neun Engelshierarchien anzusiedeln. Sie werden bei Dionysius von Areopagita, Hildegard von Bingen, Rudolf Steiner und vielen anderen beschrieben. In ihrer hierarchischen Form entsprachen sie damit dem damaligen Modell der Gesellschaft. Heute sind dagegen auch Anschauungen wie bei Ana Pogacnik (11) gebräuchlich, die diese Einteilung unterlassen und von einem Meer der *Engelwesen* sprechen. In einem Meer ist es unmöglich und sinnlos, einzelne Tropfen zu unterscheiden und begrifflich einzuordnen.
Bei allen *Engelwesen* ist zu bedenken, dass sie nicht nach männlichen und weiblichen Eigenschaften zu definieren sind. Stattdessen ist ein Unterschied zwischen eher konzentrierter oder mehr sphärisch ausgedehnter Energie wahrzunehmen.
Ich selbst habe mich bei meiner Annäherung an diese Welt an das Modell einer Hierarchie gehalten. Zu Beginn dieses Weges begleiteten mich Bücher über die Engelswelt von Hans-Dieter Leuenberger (12) und Silvia Wallimann (13). Im Folgenden stelle ich diese geistige Raumordnung näher dar.

Die dritte Engelshierarchie

Engel, Erzengel und Zeitgeister bilden die dritte Engelshierarchie.
Dem menschlichen *Ichbewusstsein* am nächsten sind jene Engel dieser dritten Hierarchie, die als Boten der göttlichen Weisheit und Liebe in direktem Kontakt zum Menschen stehen. Jeder Mensch hat seinen eigenen Engel, der als Schutzengel bezeichnet wird, der auf Gefahren und Aufgaben hinweist, Eingebungen weiterreicht und inspiriert.
Neuere Studien der Identity Foundation (14) zeigen, dass in Deutschland heute wieder mehr als die Hälfte der Menschen von der Existenz der Engel überzeugt ist und fast ein Drittel konkrete Erlebnisse anführt. In anderen Kulturkreisen tragen solche Erfahrungen andere Bezeichnungen. Die drei abrahamitischen Religionen kennen den Begriff Erzengel. Die Erzengel gelten als Inspiratoren von Gruppen und Völkern. Für Deutschland hat sich der Erzengel Michael als Inspirator bereit erklärt. Ganz nahe am Bundestag in Berlin hat sich ein Fokus für diesen Erzengel gebildet. Dieses Angebot aus der geistigen Welt müsste nur noch bewusst ergriffen werden. Die Zeit erfordert, dass der sogenannte *Deutsche Michel* endlich seine Schlafmütze abwirft.
Die Wirkung der Zeitgeister zeigt sich unter anderem in den sanften Revolutionen von 1989 bis heute (DDR, Polen, Tschechien). Viele der beteiligten Menschen handelten aus der im Herzen verankerten Liebe zur Gerechtigkeit. Hier wirkt Michael als Zeitgeist. Natürlich sind sich bei solchen gesellschaftlichen Umwälzungen immer auch die entsprechenden Gegenbilder zu beobachten.

Die zweite Engelshierarchie

Sie besteht aus den *Elohim*, den *Dynamis* und den *Kyriotetes*. Sie bilden die Form, die Evolution und den Geist der Planeten in unserem Sonnensystem. Die Planetenkräfte, die in der Astrologie gedeutet werden, sind Inhalt der antiken Götterwelt. Namensgebend wurde für die europäische Kultur der

römische Götterhimmel. In der Lehre von den Strahlenkräften (15) wird zum Beispiel dem Planeten Jupiter die *Eloha Vista* (Eloha ist die Einzahl des mehrzahligen Wortes Elohim) zugeordnet mit den Eigenschaften göttlicher Weihe, Heilung und Konzentration, welche die Form zusammenhält. Die innerlich wahrzunehmende Farbe dieses geistigen Strahls ist grün.
Auf dieser Ebene sind auch die Gruppenseelen der Pflanzen, und Tiere und der Kristalle angesiedelt. Als Vertreter der Tiergruppenseelen sind zum Beispiel die schamanischen *Krafttiere* anzusehen. Die erhabenen Pflanzengruppenseelen erlebte ich erstmalig in Form einer besonderen Nachtkerze. Sie hatte eine Aura von ungefähr sechs Meter Durchmesser und eine besondere Anbindung an ihre Gruppenseele. So konnte ich über diesen Gast in unserem Garten die Präsenz einer Gruppenseele erleben. Die Gruppenseelen der Kristalle erlebte ich bei einer Begrüßungsmeditation für neu gekaufte Exemplare aus Brasilien.
Während man nun in der Astrologie die Einflüsse der Planeten zeitlich beurteilt, werden sie in der Geomantie zu einer räumlichen Verortung. Man sucht Plätze auf, die die Urqualität eines Planetenwesens vermitteln. Die innere Einstellung (Kalibrierung), muss die Qualität der demütigen Bitte haben, dabei das höchste jeweils persönlich Zugängliche erfahren zu dürfen. Dies ist notwendig, um nicht bei niedriger schwingenden Scheinbildern hängen zu bleiben.
In der Analyse der Eigenart Nürnbergs werden diese Plätze eine wichtige Rolle spielen.

Die erste Engelshierarchie

Die erste Engelshierarchie – *Throne, Cherubim* und *Seraphim* – ist die Sphäre der Dynamik unseres Sonnensystems. Über sie fließen die Kräfte des Tierkreises ein. Es ist also die kosmische Schicht, die über unser eigenes Sonnensystem hinausweist zu den vielgestaltigen Sternenkräften, zu anderen Sonnen, unserer eigenen Milchstraße und weiter entfernten Galaxien. Die Cherubim werden in Mose, 1,3, V 23-24 wie folgt beschrieben:

„Da wies ihn Gott der Herr aus dem Garten Eden, dass er das Feld baue, davon er genommen ist, und trieb Adam aus und lagerte vor den Garten Eden die Cherubim mit dem bloßen, hauenden Schwert, zu bewahren den Weg zu dem Baum des Lebens".
Wir begreifen: Die Cherubim sind nicht die Aufpasser, die den Menschen vom Paradies fernhalten sollen, sondern sie bewahren den Weg zum Baum des Lebens, d.h. sie halten ihn offen.
Jenseits dieser bereits beschriebenen Hierarchien befinden sich die höchsten geistigen Prinzipien wie *Heiliger Geist* - das hebräische Wort *ruach* für den heiligen Geist hat weibliche Form - *kosmischer Christus* und *Urquelle*. Die lichten Geistwesen der neun Engelshierarchien haben die Eigenschaft, dass sie immer mit der göttlichen Ganzheit verbunden sind, oder anders ausgedrückt, immer im göttlichen Willen stehen.
Der Mensch dagegen kann sich dem göttlichen Willen entziehen. Dies ist das Urprinzip der menschlichen Freiheit. Siehe auch das Gleichnis vom verlorenen Sohn aus Lukas 15, 11-32). Im Bekenntnis „Dein Wille geschehe" löst der Betende mit seiner freiwilligen Anerkennung eines höheren Prinzips im Kosmos Freude aus. Deshalb ist dem Menschen die völlige Freiheit der Entscheidung über seine eigene Fortentwicklung gegeben. Es ist geradezu ein Kennzeichen von lichten Geistwesen, dass sie immer abwarten, bis der Mensch auf sie zukommt.
Ich habe mich für dieses im Folgenden vorgestellte Konzept der feinstofflichen und geistigen Ordnungen entschieden und benutze es als Arbeitsgrundlage für meine geomantische Tätigkeit. Es gibt also für mich dreizehn unterscheidbare Daseinssphären. Über diesen liegt noch die göttliche Dreieinigkeit (Trinität oder in der weiblichen Benennung Ternität) als göttliche Ganzheit.

In der Tabelle kennzeichnen die dunkel gefärbten Felder die Ebene, auf der das Bewusstsein der jeweiligen Lebensform wirkt. In der Regel sind diese Wesen vierstufig. So haben zum Beispiel Engel einen ätherischen und Erzengel einen astralen Körper. Der Mensch reicht bis in die verdichtete physische Welt hinein. Elementarwesen haben ihr Bewusstsein im Astralen und ihren Körper im Ätherischen. Sie sind „zweistufig" und für ihre jeweilige Aufgabe hochspezialisiert.

Gruppe	Ebene	Wesen	Wirkung	
4 – dimensional erfahrbare Welt	1 Physisch	Mineralien		
	2 Ätherisch	Pflanzen		
	3 Astral	Tiere		Elementarwesen
	4 Ichhaft	Mensch		Devas
Engelshierarchien – 3.Hierarchie	5 Angeloi	Engel		
	6 Archangeloi	Erzengel		
	7 Archai	Zeitgeister		
Engelshierarchien – 2.Hierarchie	8 Elohim	Geister der Form	Planetenform	Gruppenseelen der
	9 Dynamis	Geister der Bewegung	Planetenevolution	Tiere, Pflanzen und Kristalle
	10 Kyriotetes	Geister der Weisheit	Planetenbewusstsein	Krafttiere
Engelshierarchien – 1.Hierarchie	11 Throne	Geister des Willens	Planetenrhythmen	
	12 Cherubim	Geister der ewigen Weisheit	Kräfte des Tierkreises	
	13 Seraphim	Geister der Allweisheit	kosmische Abstimmung	
	14 Heiliger Geist	weiblich-kosmische Weisheit	Sophia	
	15 Christus	kosmische Liebe		
	16 Urquelle	Göttliche Quelle		

1

Tafel der Seinsebenen

Das Verwobensein der Schichten in der Praxis

Was sich in der Tabelle klar getrennt dargestellt, ist in Wirklichkeit sehr komplex miteinander verbunden und durchwoben. Verschiedene Sphären sind am gleichen Ort immer gleichzeitig vorhanden. So findet man zum Beispiel an einem Kraftplatz:

- *Substanzen wie chemische Altlasten und elektromagnetische Strahlung.*
- *Ätherische Strukturen wie Schutzhüllen oder Kraftausströmungen.*
- *Astrale Elemente: Elementarwese n und emotionale Auren.*
- *Geistige Wesenheiten: Engel, die dem Platz seine Bestimmung geben.*

Erst, wenn man diese Ganzheit erkennt, kommt man zu einem umfassenden Bild und kann dann auch abweichende Formen wahrnehmen. So ist es zum Beispiel möglich, dass an einem Ort nur das Physische und Ätherische wahrnehmbar und die anderen Sphären verdeckt sind. Manchmal ist aber auch ein sehr hohes geistiges Prinzip vorhanden, das sich nicht bis ins Physische und Ätherische fortsetzt – es inkarniert sich nicht.
Hier liegt eine der wesentlichen Aufgaben der Geomantie. Sie kann einem geistigen Prinzip dazu verhelfen, sich im Ätherischen und auch im Physischen zu verankern, indem sie die Lage erkennt und durch Bewusstseinsbildung Durchlässigkeit schafft.
So ist geomantische Arbeit immer auch Bau von Wegen, die ins Geistige führen. Dies wurde in der Vergangenheit zum Beispiel von Etruskern, Kelten, Römern und den geistlichen Bauhütten praktiziert. Bis etwa zum Ende des fünfzehnten Jahrhunderts können Sakralbauten als geomantische Interpretation ihres geistigen Umfeldes gelten. Das Labyrinth von Chartres, die Gnadenkapelle in Altötting und das Grab des Sebald in Nürnberg konnten so dauerhaft zu Kraftplätzen oder Einweihungsorten werden.
Die feinstofflichen Kräfte erleichtern an solchen Orten die Hingabe an das göttliche Prinzip und damit den Sprung in ein höheres Bewusstsein.

2. GEOMANTISCHE METHODEN

Die Geomantie arbeitet auf allen vorher beschriebenen Ebenen, deshalb muss die Methodik sich auch dementsprechend aufgliedern. Für die physische Sphäre in ihrer feineren Form von Strahlungen ist die Radiästhesie das gängige Werkzeug. Für die ätherische, astrale und geistige Sphäre gibt es neben der Radiästhesie, den Eigenarten dieser Räume entsprechend, empathische und intuitive Methoden.

Erforschung des Physischen

Die Erde wird von ihrer kosmischen Umgebung mit einer ganz großen Palette verschiedenster elektromagnetischer Strahlungen beschickt. Das meiste davon wird vom Erdmagnetfeld und den Schichten der Atmosphäre zurückgehalten. In zwei Bereichen jedoch sind diese Hüllen durchlässig und bilden Fenster für die Schwingungen, die auf der Oberfläche ankommen.
Das erste Strahlungsfenster besteht im Bereich des sichtbaren Lichtes mit etwa 300 bis 800 Nanometer Wellenlänge (zur Veranschaulichung: 10 Millionen Nanometer sind ein Zentimeter).
Entsprechend hat sich das Leben auf der Erde mit den Sehorganen hieran angepasst. Grundlage des Lebens ist die Photosynthese, die das ankommende Licht nutzt, um komplexere Moleküle herzustellen.
Ein zweites Fenster liegt bei Wellenlängen von 1 mm bis 30 cm. Man nennt diese Strahlungen Mikrowellen. Es finden sich diese Maße zum Beispiel im menschlichen Knochengerüst. Auch daran ist das Leben also angepasst. Dies ist gerade der Bereich, in und mit dem unser alltägliches Leben stattfindet. Eine weitere Resonanz besteht zu Wasser, das seine wesentlichen Resonanzlängen bei 1,35 und 3,1 cm hat. Diese bestehenden Wechselwirkungen mit dem Lebendigen sollten viel mehr beachtet, untersucht und zur Harmonisierung der Umwelt eingesetzt werden. In der Radiästhesie hat sich in den Neunziger Jahren, maßgeblich initiiert durch Reinhard Schneider, eine Methodik entwickelt, welche die praktische Wahrnehmung dieses Bereiches ermöglicht. Man spricht hierbei von der Grifflängenlehre (16).

Sie beruht darauf, dass Wellenlängen mittels Variation der Grifflänge auf einer Wünschelrute getrennt wahrgenommen werden können. Die Grifflänge ist der Abstand der die Rute greifenden Finger bis zur Rutenspitze. Dieses Maß lässt sich nach Belieben verlängern und verkürzen. Jede Grifflänge lässt sich einem bestimmten Phänomen zuordnen. Reinhard Schneider entwickelte nach dem Prinzip der *Lecherleitung* eine sehr technische Variante der klassischen Wünschelrute (17). Nach seinem Tod wurde seine *Lecherantenne* zur H3-Antenne weiter entwickelt.
Viele Rutengänger haben dabei ihre Erfahrungen einfließen lassen, so dass es einen Katalog von Interpretationen zu den Grifflängen gibt. Der Vorteil dieser Methode ist, dass man so Schwingungen selektiv wahrnehmen kann.

Anmerkung aus der Praxis:
Bei einer Untersuchung vor Ort wende ich die Abstimmungsmethode nach Prof. Eike Hensch, eine Variante der Grifflängentechnik häufig an (18). Ich gehe dabei die Grifflängen nacheinander durch, indem ich die Rutenspitze langsam nach vorne schiebe und notiere die Ausschläge. So bekomme ich eine Schar von Resonanzlängen. Hieraus ergibt sich ein Bild von der Schwingungsqualität des Platzes. Als Nächstes ermittle ich die räumliche Ausdehnung der Schwingung und stelle sie in Grundriss oder Skizze dar. Um nicht zu viele Details durchgehen zu müssen, gebe ich als mentalen Filter vor, nur nach hauptsächlich wirksamen Energien zu suchen. Anhand dieses Ergebnisses kann ich dann Lage und Ausdehnung der Hauptphänomene zu Papier bringen. Dabei ergibt sich ein Netz von Linien, Punkten und weiter ausstrahlenden Zentren heraus, das auf den feinstofflichen Ebenen von Bedeutung für den untersuchten Platz ist.

Erforschung des Ätherischen

In den letzten zwanzig Jahren hat sich die ätherische Wahrnehmungsfähigkeit vieler Menschen sehr verfeinert. Sie wird zusammen mit der astralen und geistigen Wahrnehmung auch außersinnliche Wahrnehmung genannt. Jeder kann dies bei einer einfachen Übung selbst erfahren: Man öffnet die Handflächen und breitet die Arme aus. Dann lässt man die Handflächen langsam aufeinander zu gleiten. Je nach persönlicher Konstitution bemerkt man bei einem Abstand von 10 bis 40 cm um die Hände herum ein leichtes Prickeln.

Ein contergangeschädigter Freund, der ohne Finger und Handflächen geboren wurde, bat mich um eine Anleitung zum Rutengehen. Ich zeigte ihm, wie er mit seinem Handgelenk im Raum verschiedene Ätherfelder abtasten könne. Er war vollkommen überrascht über seine Wahrnehmung. Etwa 10 cm vor dem Handgelenk, wo eigentlich die Fingerspitzen sein sollten, spürte er das typische Kribbeln, das beim Berühren von Ätherfeldern auftritt.

Ein möglicher Ansatz zur ätherischen Wahrnehmung wird in der Gesellschaft für Bildekräfteforschung auf deren Webseite wie folgt erklärt: „Äther- oder Bildekräfte sind in der anthroposophischen Literatur in verschiedenster Form beschrieben worden. Sie sind entsprechend dem Gesetz, dass Gleiches nur Gleiches wahrnimmt, für gewöhnliche Sinnesorgane nicht wahrnehmbar. Sie sind es jedoch für ätherische Wahrnehmungsorgane, die im Menschen mehr oder weniger rudimentär veranlagt sind und die gezielt weiterentwickelt werden können. Die Entwicklung der Wahrnehmungsfähigkeit ist lernbar und für den kritischen Beobachter in jedem Schritt klar nachzuvollziehen und zu kontrollieren“ (19). Auf diesen Impuls hin wurden im Bereich der Demeter-Verbraucher-Verbände Gruppen gegründet, in denen die ätherische Wahrnehmung von Nahrungsmitteln regelmäßig geübt wird.

Die vier Elemente und ihre ätherische Wahrnehmung

Die ätherische Wahrnehmung ist zunächst ungegliedert. Durch Vergleiche und Versuche an verschiedenen Orten zeigt sich allmählich eine Vielfalt von Phänomenen. Die ätherische Wahrnehmung lässt sich anhand der sogenannten vier *Elementeäther* näher aufschlüsseln. Auch ohne die theoretische Kenntnis der folgenden Differenzierungen ist selbstverständlich eine ätherische Wahrnehmung möglich.

ERDE - PHYSISCHER ÄTHER - LEBENSÄTHER:
Hülle, die ein jeweils Spezifisches bildet und dadurch Individualisierung ermöglicht. Ruht, verdichtet und baut Druck auf, bildet Kristalle.
WASSER - WÄSSRIGER ÄTHER - KLANGÄTHER:
Feld, das auf Flüssigkeiten (Blut, Hirnwasser) wirkt. Bewegt, differenziert, gibt Form und fördert in besonderer Weise das Musikalische.
LUFT - LUFTIGER ÄTHER - LICHTÄTHER:
Zielgerichtete Bewegung, Atmung, Sinneswahrnehmung, Denktätigkeit, Leichtigkeit.
FEUER - FEURIGER ÄTHER - WÄRMEÄTHER:
Verwandlung, Erhitzung (Blutwärme), Verdauungsfeuer, Übergang zum Geistigen.

Um diese Ätherkräfte differenziert wahrnehmen zu können, ist auf jeden Fall die Fähigkeit der Anverwandlung notwendig, die häufig auch unbewusst intuitiv eingesetzt wird. Dadurch wird Sympathie zu einem bestimmten Bereich als unerlässliche Bedingung zur ätherischen Wahrnehmung erzeugt. Ich werde Wasser, ich werde Erde.
Sympathie zum *physischen Äther* brauche ich zum Beispiel, um mich den Erdkräften und Elementarwesen anzunähern. Eine Verstärkung des Druckempfindens, etwa durch Ballen der Fäuste, erzeugt das Gefühl von Einheit mit dem Erdelement.
Sympathie zum *wässrigen Äther* verwende ich, um Wasseradern und besondere emotionale Raumqualitäten aufzuspüren.

Hierbei hilft flutende schwingende Bewegung, verstärkt durch stimmhaftes Summen.
Die Sympathie zum *luftigen Äther* verwende ich zum Beispiel, um Säulen aus Luftäther zu orten oder ätherische Bewegungsrichtungen und Verbindungen im Raum zu finden. Ich stelle mir dabei vor, dass ich ganz leicht werde und das Gefühl des Schwebens empfinde.
Der Luftäther tritt als Bewegungsmedium in Leylinien und Einstrahlpunkten auf. Er bildet die Erinnerung des Raumes an häufig wiederholte Bewegungsabläufe, wie zum Beispiel alte Prozessionswege, Wildwechsel oder Geheimgänge.
Die Sympathie zum *feurigen Äther* brauche ich, um die Zentrierung feinstofflicher Phänomene zu orten. Im Feuerelement wird der Übergang zum Geistigen ermöglicht. Dazu verwende ich die Imagination von Flammen, Wärme und begeisterter Stimmung.
Bei der ätherischen Wahrnehmung verstärke ich also in mir die jeweilige Ätherart und nehme so die hierzu sympathische Ätherkraft wahr. Lässt man so gestimmt seine Hand durch den Raum gleiten, so wird man durch das Element, auf das man sich eingestellt hat, eine vibrierende Resonanz erfahren. Bei vielen Menschen funktioniert dies auch mit dem ganzen Körper.
Da dies für die Nürnberger Ortsbegehungen wichtig ist, führe ich hier noch die Zuordnung der vier Elemente zu den Erzengeln an. Hierzu gibt es unterschiedliche Auffassungen aus verschiedenen Traditionen. Ich halte mich an die Systematisierung, die sich bei Rudolf Steiner, in der Lehre der *Kabbala* und bei Hans-Dieter Leuenberger findet.

Es entsprechen und regieren:
URIEL – Erdelement
GABRIEL – Wasserelement
RAPHAEL – Luftelement
MICHAEL – Feuerelement

Landschaftstypische Ätherschichtungen

Macht man intensivere Beobachtungen über die Verteilung der Elementeäther, so kristallisiert sich Folgendes heraus:

- *Die landschaftstypische Ätherschichtung bleibt konstant.*
- *Die jahreszeitlichen Veränderungen bleiben rhythmisch konstant.*
- *Einstrahlsäulen variieren in ihrer Beweglichkeit und Intensität, sind aber sonst konstant.*
- *Äther- und Leylinien erfahren leichte Schwankungen, bleiben aber konstant.*
- *Die komplexen Landschaftsorgane bleiben konstant, pulsieren aber rhythmisch verschieden.*
- *Die Erde ist umgeben von verschieden hohen Schichten der Elementeäther.*

In gewissem Sinn kann man hierbei von einer „Erdaura" sprechen. Im Durchschnitt sieht dies, gemessen am menschlichen Maßstab, in etwa folgendermaßen aus:

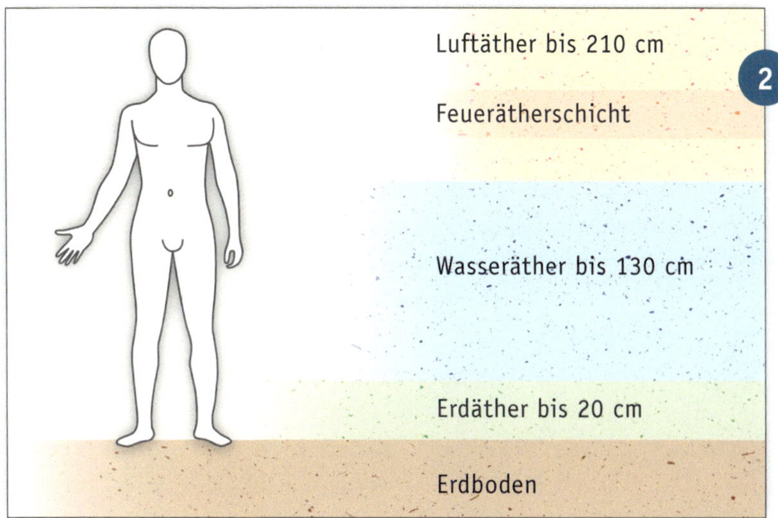

Durchschnittliche Ätherschichtung

Das Element Erdäther reicht vom Boden aus etwa 20 bis 30 cm hoch bis über die Fußknöchel. Das Element Wasseräther geht bis circa 130 cm hoch bis zu den Nieren.
Das Element Luft reicht mit 210 cm bis über den Kopf eines Erwachsenen.
Das Element Feuer liegt nicht auf der Erde auf, sondern umfasst die Erde in einem 20 bis 30 cm dicken Gürtel, der seine Unterkante bei 140 cm, seine Oberkante bei 160 cm, also beim Erwachsenen im Bereich des Herzens hat.

Alle diese Schichten sind nicht gleichmäßig über die Erde verteilt, sondern werden weitgehend von der Geländeform und dem im Untergrund vorliegenden Gestein variiert.So bilden in Tälern die Äther der Erde und des Wassers eine höhere Schichtung. Die Atmosphäre hat die Qualität von Fürsorge. Hier finden sich eher weibliche Kultstätten oder christliche Marienheiligtümer. Auf Bergen dagegen dominieren die Formen des Luft- und des Feueräthers. Dies erzeugt eine Atmosphäre von Begeisterung und Vorwärtsstreben. Dort sind auch viel häufiger Zeugnisse männlicher Kulte wie Michaelskirchen z.B. Mont St. Michel zu finden.
Mit der Analyse der Ätherschichtung kennt man nun die Grundgestalt des Ortes. Dies sind rein ätherisch-räumliche Aspekte, die noch nicht das Geistige erfassen und beschreiben.

Jahreszeitliche Veränderungen

Im Winter ist das Erdelement besonders stark vorherrschend. Im Sommer bei klarem, sonnigem Wetter dominieren die Elemente Luft und Feuer. Man kann eine Art von *Atmungsprozess der Erde* feststellen:
Im Winter wird Äther *eingeatmet*. Man findet heraus, dass alles Ätherische bis auf das Erdelement schwächer wird. Die geistige Welt ist in der kalten Jahreszeit deshalb klarer wahrnehmbar. Das Wachstum der Pflanzen beginnt im Winter als ätherischer Impuls etwa um Lichtmess. Im Sommer *atmet* die Erde *aus*, so dass die ätherischen Erscheinungen stärker und vielfältiger vorherrschen. In schwächerer Form ist dies auch im Tageslauf der Fall: morgens Ausatmung – abends Einatmung.

Bei starken Erschütterungen durch Gewitter oder Erdbeben werden die Ätherfelder zerstreut. Sie sind dann für eine ganz kurze Zeit nicht mehr wahrnehmbar. In diesem Zeitraum formieren sie sich wieder neu. Ich entdeckte dieses Phänomen in einer Silvesternacht, als ich tastend einer Ätherlinie folgte. Bei jedem Krachen wurde die Linie zerrissen und formierte sich erst nach ca. einer Minute wieder neu. In diesem Zusammenhang erklärt sich das schamanische Trommeln als Methode der Raumreinigung. Die Erschütterung des Raumes löst die bestehenden Strukturen auf, die dann durch den jeweiligen geistigen Fokus neu geordnet werden können.

Wahrnehmung von Einstrahlpunkten

Durch Wachstumsversuche an Pflanzen schafften Maria Thun (20) und Stefan Schmidt (21) in der Konstellationsforschung wesentliche Grundlagen. In langjähriger empirischer Arbeit wurde nachgewiesen, dass die Wirkungen von Planeten und Sternbildern zeitlich nicht gleichmäßig verteilt sind. Sie haben Zeiten stärkerer und schwächerer Wirkung, so dass man von „Einfallstoren" in der Zeit sprechen kann. Durch bestimmte Stellungen des Mondes und der Planeten zueinander (Winkelbeziehungen von 0, 60, 90 120 und 180 Grad) verstärken sich deren Wirkungen, was im Pflanzenwachstum sichtbar wird.

Dies ist nicht nur in der Zeit, sondern auch im Raum der Fall: Durch Anpeilen von Luft- und Feueräther lassen sich die Zugangspunkte zu bestimmten geistigen Qualitäten lokalisieren. Oft kann man dort markante Eigenheiten im Pflanzenwachstum feststellen. In der Geomantie werden solche Orte Sternen- oder Einstrahlpunkte genannt. Sie stellen sich räumlich dar als ätherische Säulen mit mehreren konzentrischen zylindrischen Ummantelungen.

Solche Orte werden in bestimmten Archetypen von Heiligenlegenden und Ortssagen beschrieben. Ein Beispiel hierfür ist die Gründungslegende der Nürnberger Sebalduskirche, wonach der Heilige Folgendes anordnete: „Legt meinen Leichnam auf einen Karren mit zwei Ochsen davor. Wo sie stehen bleiben, dort begrabt mich." Die Erklärung ist natürlich, dass die Ochsen stehenbleiben, wo sie sich besonders wohl fühlen. Nämlich, wie wir später sehen werden, an der Kreuzung zweier starker Leylinien, in deren Umgebung sich Einstrahlpunkte häufen.

Bei Stadtgründungen wurde auf diese Weise die Lage der Stadttore und der Befestigungsbauten festgelegt. Man vermutet, dass Etrusker und Römer häufig auf diese Weise ihre heiligen Plätze bestimmten. Zu solchen Orten setzten in der späteren christlichen Zeit oft Wallfahrten ein, und es wird von Wundern berichtet.

Das ganze Geschehen ist typisch für die Wirkung geistiger Kräfte: Sie schaffen sich einen Zugang zur ätherischen Sphäre und werden so für den Menschen vielfältig und konkret erfahrbar. Orte, an denen die geistige Welt so stark spürbar wird, weisen eine höhere Zahl von Einstrahlpunkten auf. Jahrhundertelang ausgeübte Rituale verstärken und stabilisieren solche Energien. Die Bewahrung und Pflege solch besonders durchlässiger Gebiete sind für die Jetztzeit und den momentanen Zustand der Erde enorm wichtig.

Wir müssen uns dieser gemeinsamen Arbeit ernsthaft widmen um neue, für unsere Zeit erarbeitete und passende Impulse zu verankern. Letztlich wird dies zur Überwindung des dualistischen Denkens und Fühlens führen.

Jeder durch Umgrenzung oder markante Eigenschaften definierte Raum birgt die Ganzheit aller Möglichkeiten im Positiven wie auch im Negativen.

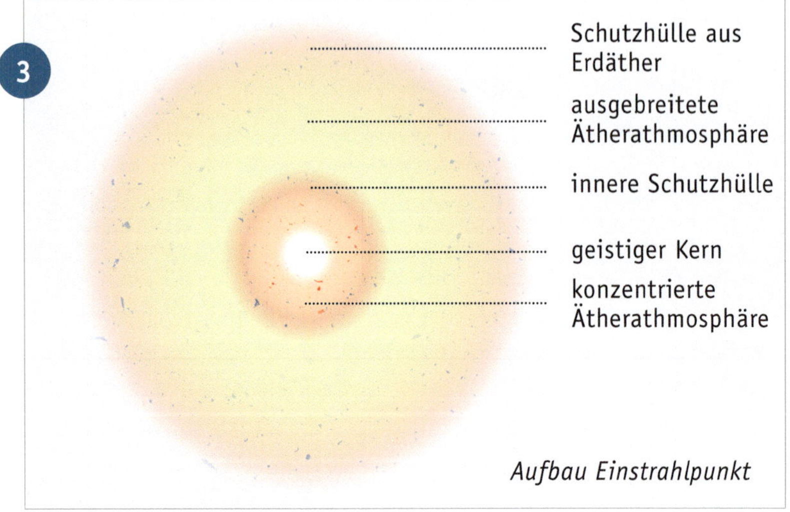

Aufbau Einstrahlpunkt

Alles ist als Potenzial angelegt. Steht man diesem Raum neutral und objektiv gegenüber, so findet man immer nur das, was sich schon realisiert hat. Geht man dagegen in Liebe und Offenheit imaginierend auf einen Raum zu, so tut sich die Bandbreite seiner Möglichkeiten auf. Durch den Focus auf eine dieser Möglichkeiten kommt man in Resonanz hierzu. Nun kann man darum bitten, dass sich dieses Potenzial bleibend und wohltuend am Ort manifestieren möge. Wenn das im Sinne einer ganzheitlichen Evolution erwünscht, weil hilfreich ist, wird sich hier ein Einstrahlpunkt bilden. Es ist so, als würde man eine Knospe (Potenzial) zum Aufblühen (Einstrahlpunkt) bringen. Jeder Raum hat in diesem Sinne Knospen, die sich öffnen können, wenn der Mensch sich ihnen zuwendet.
Als grundlegende Möglichkeit der Unterscheidung der Qualität von Einstrahlpunkten kann die Hauptflussrichtung der Ätherströme gelten. Die Flussrichtung von oben nach unten weist auf kosmische Einflüsse hin. Bei vorwiegender Erdqualität kommt der Strom in der Regel von unten nach oben. Orte mit hoher Dichte dieser Einstrahlpunkte wurden früher aus der alltäglichen Nutzung ausgenommen und kultischen Handlungen vorbehalten.
Heute beginnen viele Menschen, die Weihe von solch besonderen Orten in die eigenen Hände zu nehmen. Sie richten einen Hausaltar ein oder haben ihren eigenen Baumfreund, den sie immer wieder zum gegenseitigen Kraftaustausch besuchen. Je weniger sie dabei den Forderungen des *kleinen Ich* erliegen, desto mehr werden sie ins Geistige gelangen.

Leylinien – eine andere Art des „Energietransportes"

Forschungen des Engländers Alfred Watkins (22) in der Mitte des 20. Jahrhunderts zeigen, dass Kultplätze, alte Wege und Kirchen oft durch gerade verlaufende Linien verbunden sind. Seine Erklärung für dieses Phänomen war, dass entlang dieser Anreihungen Kraftlinien strömen, die positive Energien an ihre Umgebung abgeben. Er nannte sie *Leylinien*. Oft werden hier zeitgeschichtlich relevante Impulse gegeben. Die Gralsdichtungen wurden

zum Beispiel auf einer Kraftlinie inspiriert, welche die Orte Troyes und Wolframs-Eschenbach verbindet.
In der chinesischen Geomantie (Feng Shui) werden diese Linien wegen ihrer feurigen Eigenschaften als Drachenlinien bezeichnet. Auch hier steht hinter der ätherischen Erscheinung eine geistige Kraft, zu der man innerhalb dieses ätherischen Raumes leichter Zugang findet.
In schamanischen Traditionen werden die Kraftlinien für Astralreisen benutzt. In Island werden solche Linien als *Feenwege* bezeichnet. Dies wird so ernst genommen, dass im Flächennutzungsplan der Hauptstadt Reykyavik diese Wege kartiert und aus der Bebauung herausgenommen wurden.
In Wolframs-Eschenbach durfte auf der Nordseite der Hauptstraße nur zweistöckig gebaut werden, um die darüber liegende Leylinie nicht zu blockieren. Der Saal des Rathauses und die Kirche in Wolframs-Eschenbach dagegen reichen in die Höhe der Linie. So wurde die Energie der Linie nur für die Ratsbeschlüsse und die Gottesdienste genutzt. Das Wohnen in diesen Energien wäre auch sehr schwierig, denn man ist hier ständig herausgefordert, sich weiter zu entwickeln.
Die Ätherschichtung und deren dominante Ätherart sind für je eine Linie typisch und zeigen damit deren Grundcharakteristik an. Dementsprechend lassen sich bestimmte Typen herausarbeiten. Dabei kann der physische Äther unberücksichtigt bleiben, da er nur die Funktion der Einhüllung erfüllt. Luftiger Äther fließt häufig als Transportmedium mit. Im Inneren der Linien herrscht eine relativ konstante Äthermischung. Vom Kern her ist eine eindeutige Gefühlswahrnehmung zu empfangen. Sie ist in der Regel durch das

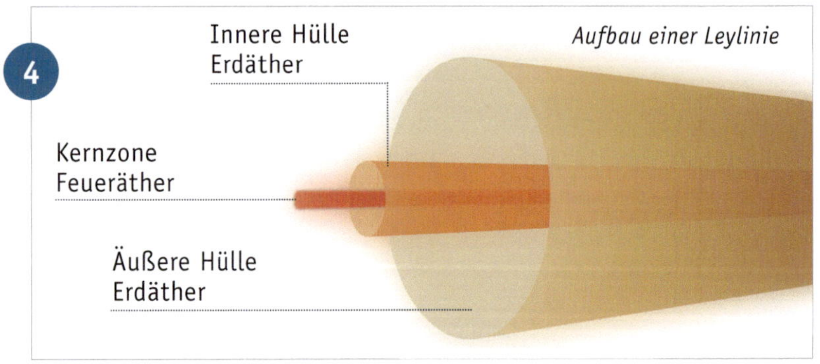

Aufbau einer Leylinie

Element Feuer als Wärme zu spüren. Der Kern enthält die geistige Essenz. Der innere Aufbau ist also mit dem des Einstrahlpunktes gleich. Um den Kern herum schichtet sich eine Zone von ca. 80 bis 200 cm, die nach außen hin durch das Erdelement eingehüllt ist. Zusätzlich besteht noch eine weitere Einhüllung, die einen Durchmesser von ca. 500 bis 800 cm hat. Die dargestellten Abgrenzungen muss man sich als fluktuierende, unscharfe Bereiche vorstellen.
Als anderes Unterscheidungsmerkmal für Ätherlinien sind vor allem die Elemente *Wasser* und *Feuer* zu sehen. Wasserlinien vermitteln eine weibliche Kraft, die das Erfühlen höherer Sphären fördert und weisen häufig auf die Tätigkeit von Engelwesen in der ätherischen Sphäre hin. Feurige Linien haben mehr männliche Kraft und bewirken Handlungsimpulse. Beide wirken in ihrer Art kulturprägend.
Oft spielen männlich und weiblich geprägte Kraftlinien auch räumlich zusammen. Hierzu gibt es das Beispiel von zwei Linien in Südengland, die verschiedene Kraftorte verbinden. An der einen reihen sich Michaelsheiligtümer aneinander, die andere umspielt gewissermaßen die erste und verbindet dabei Marienheiligtümer. Das Phänomen ist als „Mary - and Michael - Line" bekannt. Sie verläuft von Land´s End in Cornwall unter anderem durch Glastonbury und Stonehenge.
Hierzu gibt es ein bemerkenswertes Channeling von Erzengel Metatron durch James Tyberonn. Hier werden die Leylinien als Reste eines globalen Verbindungsnetzes für Energien und Informationen aufgefasst, das vor ca. 30.000 Jahren erschaffen worden sei. Es wird auch von einer möglichen Wiederherstellung und Abstimmung auf die heute sich neu konstituierenden Energieverhältnisse gesprochen (23). Im Gegensatz zu den Leylinien, die über weite Strecken Kraftorte verbinden, gibt es auch

Ätherlinien als kleinräumig-lokale Verbindungen

Sie ähneln in ihrer Erscheinung den Leylinien, sind aber weniger komplex aufgebaut, haben keine zweite Einhüllung mit dem Erdelement. Auch ist hier nicht immer das Feuerelement als Mittelpunkt das Wesentliche. Ätherlinien bilden sich oft als Verbindungslinien zwischen Punkten gleicher Art: Beziehungslinien zwischen Steinen, Pflanzen oder Menschen. Finden zum Beispiel in benachbarten Kirchen gleiche Rituale statt, so können sich Sympathielinien ausbilden. Häufig verbinden solche Ätherlinien auch ein geistiges Zentrum mit einer Reihe dazugehöriger peripherer Punkte, die für den ätherischen Organismus der Landschaft wichtig sind. Die Fließrichtung geht dabei meistens vom Zentrum zur Peripherie.

Dass Einstrahlpunkte und Ätherlinien besondere Erscheinungen sind, zeigt ihre innere Organisation. Sie sind immer umhüllt von physischem Äther. Dies erzeugt, wie geschildert, eine Individualität im Inneren. Es entsteht eine innere Differenzierung, die erst die Bildung ätherischer Organe ermöglicht. Wirken Linien, Kreuzungen und Einstrahlpunkte zusammen, so entwickeln sie häufig eine evolutionäre Eigendynamik.

Phänomene höherer Ordnung

Ein Beispiel für einen solchen Ort ist die Burgruine Rotenhan nördlich von Bamberg. Sie liegt auf der Heinrichslinie, die wie sich zeigen wird, in Nürnberg eine große Rolle spielt. In der Burgruine Rotenhan haben sich starke Einstrahlpunkte weiblicher und männlicher Kraft herausgebildet. An einem dritten Platz kommt es dort in einer Felsnische zur Vereinigung beider Aspekte. Aufgrund dieser Kräfte hat sich der Ort zu einem bekannten Heilplatz entwickelt (24). Weitere Beispiele für solche Orte in der Umgebung Nürnbergs sind die Erscheinungsorte Heroldsbach und Vierzehnheiligen.

In sich selbst überlassener Natur siedeln sich Elementarwesen an solchen Plätzen an und übernehmen Hüterfunktionen für den Kräftehaushalt. Devas und Engel hingegen bewahren die spirituelle Identität des Ortes. So geschieht es manchmal, dass Plätze immer vielfältiger in ihrer Strahlung und Wirkung werden und sich zu einem vollständigen Organismus entwickeln. Ich stelle fest, dass sich die Geschwindigkeit solcher Entwicklungen immer mehr steigert. Ein Zeitraum von zwei bis fünf Jahren ist inzwischen möglich, vor allem, wenn die Plätze häufig besucht werden. Sie stehen dann als hei-

lende Orte und zur Förderung der inneren Ruhe zur Verfügung. Solche Orte können in einem Umkreis von ca. 20 bis 50 Metern räumlich begrenzt sein. Es gibt aber auch feinstoffliche Organismen, die sich über größere Räume erstrecken. Sie werden in der geomantischen Fachliteratur als *Landschaftstempel* (25) bezeichnet.
Ich glaube an den Anfang einer neuen Entwicklung, in der die Erde uns ihre Kraftsysteme mehr und mehr zugänglich macht. Immer mehr Menschen verspüren die Notwendigkeit, diese Angebote der Erde bewusst und verantwortungsvoll wahrzunehmen und zu nutzen. Neue Energiesysteme, das heißt Kraftvernetzungen, können in solcher Korrespondenz entstehen. Der Kraftaustausch geschieht dabei in Gegenseitigkeit, das Zurückgeben von Energie durch den Benutzer hebt den Menschen und den Kraftplatz in eine höhere energetische Seinsebene. Hierdurch wird die Verbindung zur kosmischen Liebe und dem kosmischen Christus gebahnt.

Das meditative Gespräch mit der Landschaft

Wenn ich bei meiner Arbeit in der Landschaft einen bedeutsamen Platz gefunden habe, gehe ich in den geistigen Raum hinein und prüfe zuerst, welche Qualität der geistigen Anbindung vorliegt. Nacheinander kontaktiere ich dabei die Bereiche der physischen Sphäre bis zur höchsten Engelshierarchie. Ist eine Sphäre stark repräsentiert, so bekomme ich einen Hinweis, der sich als Gefühl einer machtvollen Fülle im meinem Herzraum äußert. Ich will diese kompakte Schilderung etwas differenzieren:
Nachdem mich ein Ort auf sich aufmerksam gemacht hat, bereite ich mich auf die Kontaktaufnahme vor. Ich entspanne mich körperlich, stehe fest und aufrecht oder setze mich in Meditationshaltung. Ich gehe meine Energiezentren einzeln bewusst durch und öffne sie. Ich erreiche so Gedankenruhe, dehne mich innerlich aus und bitte um Verbindung in die höchste mir zugängliche Sphäre.
So öffne ich mich den präsenten Wesenheiten. Zuerst spüre ich nur deren undifferenzierte Gegenwart. Ich grüße achtungsvoll und berichte von mei-

ner Suche nach Beschaffenheit und Potenzial des von ihnen bewohnten Ortes. Aus der Vielheit der Wesen tritt dann eines hervor und beginnt die Kommunikation. In liebevoller Annäherung erreiche ich den Zustand, in dem es keine Unterscheidung mehr zwischen Ich und Außen gibt. So tauchen Botschaften auf. Diese kommen auf mich zu in Form von Sprache (innere Stimme), als Bilder, Farben oder als Bewegungsmuster.
Es kann auch sein, dass ich keine direkte Botschaft wahrnehmen kann. Dann lasse ich das „Wissenwollen" los, löse ich mich langsam aus der Begegnung, bedanke mich und komme zu mir zurück. Manchmal führt so ein Kontakt erst in der nachfolgenden Zeit zu überraschenden Erkenntnissen oder zu Träumen, die mir etwas Wichtiges übermitteln.
Ist auch dies nicht der Fall, so kann die Begegnung den Sinn haben, miteinander bekannt geworden zu sein und so Zukünftiges anzubahnen.
Tauchen aber gleich am Ort Botschaften auf, so nehme ich sie zunächst neutral und ohne Wertung zur Kenntnis. Ich kann danach vielleicht auch in ein Gespräch eintreten und Fragen stellen. So erfahre ich etwas über den Aufgabenbereich der präsenten Wesen und darüber, ob menschliche Mithilfe bei ihrer Arbeit erwünscht, notwendig oder störend ist.
Das alles lässt sich lernen, so unwahrscheinlich das vielleicht klingen mag. Hierfür ist es lediglich notwendig, Ablenkungen, Erwartungen und Fixierungen loszulassen und interesselos aufmerksam zu sein. Man kommt mit wachsender Praxis dann in eine Phase, die sich anfühlt, als ob einem große Freude entgegenkäme, ja als ob man einen guten Freund träfe. Die geistige Welt begrüßt quasi den Suchenden als geschätzten Partner für eine Zusammenarbeit.
Soviel zu den angewendeten Methoden. Ich beschreibe sie so ausführlich, weil ich ihrer Mystifizierung und der Rätselei über geomantische Vorgehensweisen entgegentreten möchte. Interessant wird es, wenn man die hier beschriebene Methodik mit der des energetischen Heilens am Menschen vergleicht. Die Übereinstimmungen sind überraschend. In beiden Bereichen ist, wie bei jeder geistigen Arbeit, unter anderem die völlige Zurückstellung des Eigenwillens Voraussetzung.

Sagen und Legenden als geomantische Hinweise

Als ab dem vierzehnten bis in die Mitte des neunzehnten Jahrhunderts die direkte feinstoffliche Wahrnehmung zugunsten der Ausbildung des logischen Denkens zurückgebildet wurde, erhielt sich das Wissen um die feinstofflichen Wirkprinzipien nur noch in bildhafter symbolischer Darstellung. So entstanden aus unmittelbarer Wahrnehmung im Lauf der Zeit Sagen und Legenden. Sie ähneln sich in ihrer Typologie: Nicht nur im mittelfränkischen Raum gibt es zum Beispiel den Typus des *Feurigen* (in der Nähe von Altdorf). Die zentrale Gestalt dieser Sagen ist ein Wesen, das zu brennen scheint (26). Geomantisch gedeutet weist dies auf eine Ätherlinie oder einen Punkt mit feurigem Charakter hin.

Ein weiteres Bild ist der *Versunkene Ort* (27). Hier schließt der Geomant auf die Manifestation der Erdgöttin. Bei den Germanen war dies die Göttin Hel, Göttin der Unter- und der Totenwelt (vgl. *Frau Holle*). Etymologisch leitet sich Hölle von Hel ab. In den Flurbezeichnungen findet man an solchen Plätzen häufig die Bezeichnung *Hölle* oder Wortverbindungen wie *Höllgrund*. Eine Verschiebung der Bedeutung ins Negative begann erst Anfang des zweiten Jahrtausends durch das zunehmend patriarchal orientierte Christentum. Die Erdkräfte mit ihren Elementarwesen wurden als undurchschaubar und unbeherrschbar empfunden.

In Harmonie mit der Göttin *Gaia* zu leben und die eigene Weiterentwicklung gemeinsam mit ihr zu vollziehen war damals nicht vorstellbar – und wer es sich vorstellen konnte, wurde verbrannt. Die geistigen Voraussetzungen, eine solche Evolution einzuleiten, sind heute wieder da. In der Bewegung des *New Age* zeigte sich ein zarter Beginn dazu.

Typisch für geistige Impulse an besonderen Orten sind auch Sagen, in denen eine mysteriöse Korrektur der Lage für eine Kapelle oder Kirche beschrieben wird. Die Erbauer bestimmen den Bauplatz und transportieren die Materialien dorthin. Über Nacht kommen dann Engel (oder in manchen Sagen auch Elementarwesen) und bringen Stein für Stein an den energetisch besser angebundenen Ort. Die Bauleute halten dies am nächsten Morgen für einen bösen Scherz und bringen alles wieder an den alten Platz zurück. Dies passiert in der Sage meist dreimal. Dann erst begreifen die Menschen, dass dies ein Hinweis aus der geistigen Welt ist. Eine solche Geschichte berichtet vom Bau der Kirche in Beerbach (28), die auf der (später beschriebenen) Montblanclinie liegt. Es lohnt sich für den Geomanten, die Sagen des jeweiligen Ortes zu studieren, da sie oft wichtige Hinweise zur Landschaft geben.

Beginnen wir den Bericht über meine geomantischen Erkenntnisse für Nürnberg und Umgebung mit einem kurzem geschichtlichen Abriss (der keinen Anspruch auf Vollständigkeit erhebt). Danach wollen wir uns den speziell in Nürnberg wirksamen Kraftlinien und Einstrahlpunkten zuwenden.

II. ANNÄHERUNG AN DIE STADT NÜRNBERG

1. GESCHICHTLICHER ABRISS DER STADTENTWICKLUNG

Erste Impulse

Nürnberg liegt an der Dreifachgrenze zwischen den Bistümern Bamberg, Würzburg und Eichstätt. Diese Bistumsgrenzen übernahmen häufig den Verlauf der alten germanischen Gaugrenzen. Punkte, an denen drei dieser Grenzen zusammenkamen, waren oft heilige Orte, die rein kultischen Zwecken dienten und an denen alle Stammesfehden ruhen mussten.
Auf einem hochaufragenden Felsen aus Sandstein wurde die Nürnberger Burg gebaut. Sie war in einem früheren und kleineren Bauzustand sicher schon vor 1050 vorhanden. Durch zufällige archäologische Grabungen ist bisher nur eine kleine Rundkapelle aus Rundholzpalisaden um das Jahr 800 n. Chr. belegt. Sie lag an der Stelle des jetzigen Kaisersaales. Da bisher noch nicht systematisch in älteren Schichten gegraben wurde, ist die Zeit vor 1000 wenig dokumentiert. Für die Nutzung des Burgfelsens als vorchristlicher Kultplatz sprechen mehrere geomantische Befunde:

- *Häufung von Einstrahlpunkten*
- *Kreuzung von drei Leylinien*
- *Dreifachgrenze von Gauen*

Die Sage von der *Kunigundenlinde* erzählt, dass die Nürnberger Burg dem Kaiserpaar Heinrich II. und Kunigunde besonders am Herzen lag. Heinrich wurde auf der Jagd durch eine Linde, in die der Blitz einschlug, vor einem Sturz in einen Abgrund gerettet. Die Linde gilt als Baum der Liebe und des Friedens. Kunigunde pflanzte zum Dank und Gedenken von „diesem Baum ein Reis im damaligen Burghof" (29). Diese Linde stand noch bis zum 2. Weltkrieg dort, nach ihrer Zerstörung wurde an der gleichen Stelle eine neue Linde gepflanzt. Sie steht über eine Ätherlinie in spiraliger Form mit der ehemaligen Rundkapelle im Palas in Verbindung.

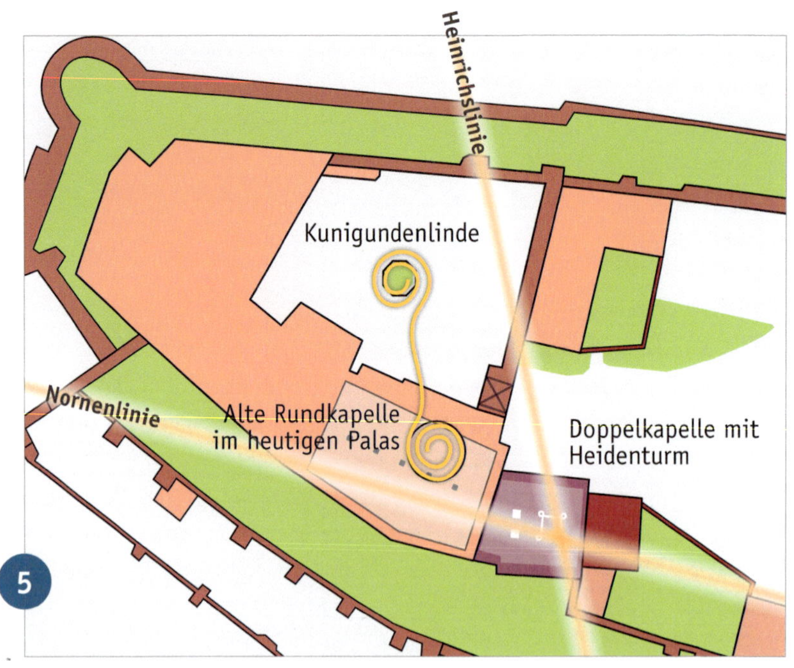

Das erste schriftliche Dokument, an dem auch das Gründungsdatum der Stadt festgemacht wird, ist die *Sigena-Urkunde*. Die Magd Sigena wurde mit dieser Urkunde von Kaiser Heinrich III. aus ihrer Leibeigenschaft entlassen, damals ein höchst seltener Vorgang.

Wachstumskerne der Stadt waren der Burgfelsen nördlich der Pegnitz und der Königshof südlich der Pegnitz. Beide Punkte liegen an Kreuzungen von Leylinien. Für den weiteren Ausbau der Burg und das Wachstum der Stadt gibt es Dokumente, die darauf hinweisen, dass es die politische Absicht war, hier eine Basis für das Heer zu schaffen. Mit der politischen Bedeutung Nürnbergs als Stütz- und Versorgungspunkt wurde auch der Schutz gegen die Überfälle slawischer Stämme aus dem Osten verstärkt. Soldaten und Waffenschmiede waren die ersten Bewohner der umliegenden Gassen.

Mit Kaiser Heinrich IV., der hier 1073 den ersten Reichstag zur Dokumentierung seiner weltlichen Macht und Stärke abhielt, begann die Entwicklung Nürnbergs als eine von kirchlichem Machteinfluss weitgehend befreite Stadt. Erstmalig wurden von 1097 bis 1105 hier die kaiserlichen Reichsinsignien (= *Heilthümer*) aufbewahrt.

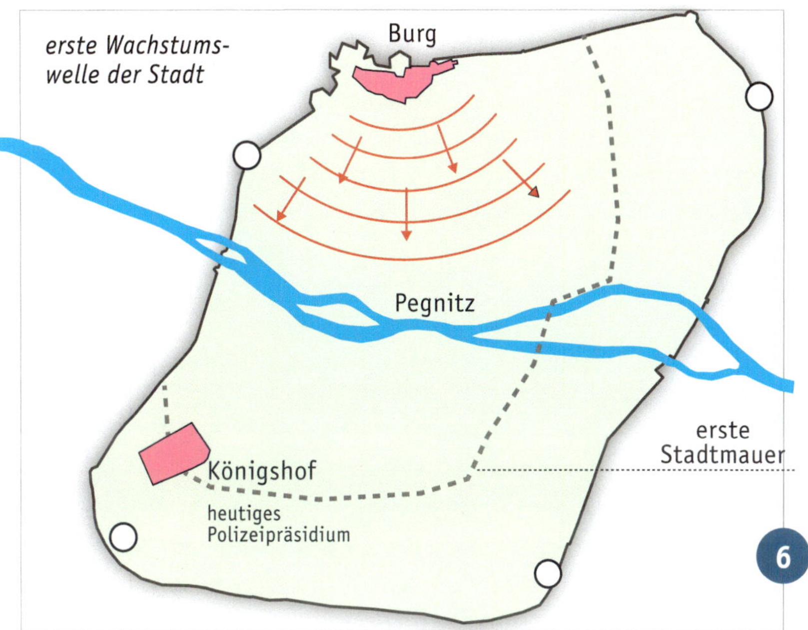

Das Wachstum der Stadt ging nicht nur baulich, sondern auch in Richtung stadtbürgerlicher Selbstverwaltung sehr schnell voran. 1219 gab Friedrich II. den „Großen Freiheitsbrief“ an die Stadt, 1250 gab es schon ein eigenes Stadtsiegel. 1256 bildete sich der städtische Rat als Vertreter der Bürgerschaft. 1385 ging die volle Gerichtsbarkeit an den Rat der Stadt. An dieser vergleichsweise raschen Entwicklung war vermutlich die Konzentration verschiedener Einstrahlpunkte kombiniert mit Leylinienkreuzungen als ständig wirkende Energiequellen wirksam beteiligt.

Die Reichskleinodien wurden von 1425 bis 1796 zum wiederholten Male in Nürnberg aufbewahrt. Dabei ist die weltliche Vollmacht über diese Sammlung von Reliquien und Machtsymbolen interessant, denn allein der Rat der Stadt bestimmte, welcher Priester jeweils die Reichskleinodien zeigen durfte. In den Zwischenzeiten wurden sie (als Symbole der politischen Identität) überwiegend zu Orten bewegt, die auf der großen Leylinie Aachen – Wien liegen. Weitere Anzeichen für die geistige und in diesem Fall auch die politische Freiheit Nürnbergs sind der Umgang mit der kirchlichen Inquisition und die überraschend einhellige und reibungslose Übernahme der Reformation.

Man distanzierte sich von den Anweisungen der Kirche im „Hexenhammer" und fällte ganz eigenständige Urteile. Im Gegensatz zur Rechtspraxis im gesamten Umland wurde hier nicht der Tatbestand der Hexerei selbst beurteilt, sondern nach nachweislichem Schaden oder eventuellen Vorteilen des Anklägers gefragt. Angeklagte wurden auch freigesprochen, zweimal wurden sogar sogenannte Hexenjäger wegen Betruges verurteilt. Insgesamt gab es in Nürnberg nur sechzehn Todesurteile gegen Hexen oder Hexer (30).

Kirchen und Klöster auf Leylinien in der mittelalterlichen Stadt

In der mittelalterlichen Stadtentwicklung aber waren zunächst Kirchenbau und Klostergründungen für die Stadtentwicklung entscheidend gewesen. Wie auch in anderen Städten orientierten sich die Kirchengründer an den wesentlichen Energielinien. Als einen Beleg hierfür zähle ich als ersten Überblick die wesentlichen Bauten in Nürnberg auf. Eine nähere geomantische Betrachtung folgt ab Seite 50. Vom zwölften bis zum vierzehnten Jahrhundert entstanden viele neue geistliche Orden, die einen erneuernden Impuls in das immer wieder an Ernsthaftigkeit nachlassende religiöse Leben bringen sollten. Die Klöster übernahmen zum großen Teil auch die Aufgabe der Krankenpflege und kümmerten sich um die Armen.

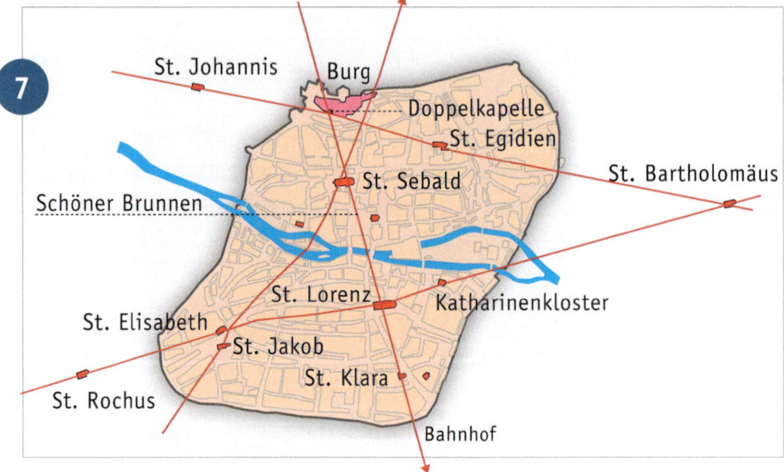

DOPPELKAPELLE - Bau der kaiserlichen Doppelkapelle ab ca. 1100.

ST. SEBALD - Um 1050 herum wurde die Peterskapelle als hölzerne Grabkapelle des Heiligen Sebaldus erbaut. Ihr Nachfolgebau war die Sebalduskirche. Kaiserliche Doppelkapelle auf der Burg um ca. 1100.

ST. LORENZ - Etwa um 1235 entstand als Vorgängerbau der heutigen Lorenzkirche eine Kapelle. St. Lorenz wurde gegen Ende des dreizehnten Jahrhunderts zu einer selbstständigen Pfarrei. Um diese Zeit wurde auch mit dem Ausbau zur heutigen Bauform begonnen.

ST. EGIDIEN - Irisch-Schottische Mönche gründeten hier ein Kloster mit mehreren Kapellen. Zwischen 1120 und 1140 wurden am Ort der heutigen Egidienkirche die Michaels-, die Eucharius- und die Wolfgangskapelle errichtet.

ST. KLARA - Die Klarissen bauten um 1227 Kloster, Kirche und ein Krankenhaus im Süden der Stadt.

KATHARINENKLOSTER - Das Katharinenkloster, von Patriziern gestiftet, wurde 1297 geweiht. Berühmt wurde es später vor allem durch seine Bibliothek.

ST. ELISABETH - Die Kapelle St. Elisabeth wurde zusammen mit dem Königshof nach ihrer Erbauung um 1281 dem Deutschorden geschenkt.

ST. JAKOB - Direkt daneben liegt die Kirche St. Jakob, vom Bauherrn der Elisabethkirche um 1283 auf den Fundamenten einer nicht näher dokumentierten Vorgängerkapelle erbaut.

Wesentlich für eine geomantische Betrachtung der Stadtentwicklung sind in dieser Zeit noch folgende Kirchenbauten außerhalb der Stadtmauern:

ST. JOHANNIS - 1323 Erneuerung des Vorgängerbaues
ST. BARTHOLOMÄUS - ab 1396 neu erbaut
ST. ROCHUS - ab 1518 ebenfalls neu erbaut

In der Ortswahl dieser frühen Kloster- und Kirchengründungen im Bezug auf die Position von Burg und Königshof ist wahrzunehmen, dass eine grundlegende Kenntnis der wesentlichen energetischen Entwicklungslinien bestand. Nachdem Nürnberg im zweiten Weltkrieg weitgehend zerstört worden war, stellte sich der Stadtrat die Frage, ob beim Wiederaufbau die alten Grundrisse und Straßenführungen beibehalten werden sollten oder man der Stadt ein komplett neues „modernes" Gesicht geben sollte. Es wurde ein Wettbewerb für den Wiederaufbau der Altstadt ausgeschrieben. Man entschied sich für die Beibehaltung des alten Musters (der Entwurf stammte von den Stadtplanern Heinz Schmeißner und Wilhelm Schlegtendal), und damit auch für das Weiterwirken der geomantischen Kräfte in der Stadt.

2. QUELLKRÄFTE NÜRNBERGS UND IHRE RESONANZ IN DER STADT

Folgende Haupteigenschaften lassen sich dem Wirken bestimmter Planetenkräfte zuordnen:

Wachstum und Fülle	JUPITER
Kraft zur Umsetzung von Ideen	MARS, URANUS
Eigenständigkeit	SATURN, ERDE
Kreativität und Bildung	VENUS, MERKUR

Anschub der Entwicklung durch Jupiter, Mars und Uranus

Die Stadt lebte in ihrer Entwicklung ständig in der Polarität zwischen weltlicher (kaiserlicher) und geistlicher (kirchlicher) Macht. Auf höherer Ebene heißt das, sie befand sich in einer starken Polarität zwischen dem physischen und dem spirituellen Bereich. Die weltliche Macht unterlag der Kombination von Jupiter- und Marskräften. So entstand die grundlegend kämpferische Orientierung Nürnbergs. Dies zeigt sich in verschiedenen Ereignissen: Der

erste Impuls zur Stadtentwicklung war der schon erwähnte Ausbau der Verteidigung gegen den Osten.
Kaiser Konrad III. fasste 1147 beim Reichstag in Nürnberg auf der Burg den Beschluss zum zweiten Kreuzzug, der zwei Jahre später mit einer kompletten Niederlage endete. Ein weiterer Kreuzzug wurde in Nürnberg von Friedrich II. im Jahr 1219 beschlossen. Es war der fünfte, der so genannte *Kinderkreuzzug*, der ebenfalls unter großen Verlusten tragisch scheiterte.
Etwa siebenhundert Jahre später baute Adolf Hitler Nürnberg zu einem seiner ideologischen Zentren aus. In Julius Streicher war hier ein führender Vollzugsgehilfe wirksam, was nicht allein aus dessen Person, sondern vor allem aus dem Missbrauch planetarer Einflüsse erklärbar ist.
Die Qualität der uranischen Impulse ist zunächst ohne jeden ethischen Filter. Durch Mars kommt die Handlungsenergie dazu. Jupiter, welcher ja der eigentliche Hauptimpuls ist, sorgt dafür, dass die eingeleiteten Taten mehr Wirkungskraft bekommen. Die uranischen Impulse können von Gegenkräften vereinnahmt werden und müssen deshalb durch gemeinsame ethische Bemühungen kontrolliert werden.
Als positives Beispiel hierfür ist die Haltung der Stadt und ihrer Bürger zu Übergriffen gegen ausländische Mitbürger zu nennen, die sich seit den frühen Neunziger Jahren in Deutschland mehrten. In Nürnberg schloss sich die Bürgerschaft spontan gegen solche Feindseligkeit zusammen und bildete eine Menschenkette rund um die Stadtmauer - einen symbolischen Wall gegen Hass und Gewalt.
Ein besonderes Thema beschäftigte Nürnberg immer wieder: Die Beschreibung des neuen, *Himmlischen Jerusalem* in der Offenbarung des Johannes. Eine mittelalterliche Darstellung findet sich am oberen Teil des Sebaldusgrabes. Auch Rudolf Steiner äußerte sich dazu in Nürnberg *(siehe S. 48)*.
Zwischen 1990 und 2000 beschäftigte sich in Nürnberg die Homöopathin Edith Helene Dörre (31) mit der Herstellung von zwölf Kristallessenzen der zwölf Edelsteine des neuen Jerusalem. Bemerkenswert ist auch der Impuls, diese zwölf Edelsteine mit bestimmten Pflanzen in Verbindung zu bringen. Hiermit beschäftigen sich seit 2010 die Kristallexpertin Waltraud Brix und die Kräuterpädagogin Brigitte Addington (32). Die durch die Jupiterkräfte angeschobene Entwicklung erfährt Stabilisierung durch Saturn.

Unterstützung der Eigenständigkeit durch Saturn

Die Eigenständigkeit Nürnbergs zeigt sich in seiner frühen rechtlichen Emanzipation vom Umland. Wie schon erwähnt, resultierten die Grenzen der drei Bistümer Würzburg, Bamberg und Eichstätt noch aus vorchristlichen Gaugrenzen, an denen alle Zwistigkeiten ruhten und Recht gesprochen wurde. Als Fortführung dieses Rechtsbrauches kann man die Burgfreiung sehen, welche einen Freiraum garantierte.
Einige Beispiele für die Atmosphäre der geistigen Unabhängigkeit in der Stadt: das Ichbewusstsein als Impuls der Renaissance zeigte sich im ganz neuen Malstil Albrecht Dürers. Vor allem dessen Frontalportraits sind Ausdruck eines neuen Selbstbewusstseins, wie er es auf seinen Reisen erlebte. Martin Behaim baute den ersten Globus, der die Welt dem geographischen und damit handelspolitischen Zugriff erschloss. Gegen alle Widerstände des Umlandes wurde die Reformation gesamtstädtisch sehr schnell angenommen.
Mitte des 19. Jahrhunderts waren eigenständige Denker wie Georg Wilhelm Friedrich Hegel und Ludwig Feuerbach in Nürnberg tätig. Rudolf Steiner hielt 1908 den erwähnten bedeutenden und richtungsweisenden Vortragszyklus zur Apokalypse des Johannes in Nürnberg. Friedrich Rittelmeyer, der Mitbegründer der Christengemeinschaft, lebte von 1903 bis 1916 in Nürnberg. Er war Pfarrer in der Heilig-Geist-Kirche und suchte gemeinsam mit seinem Sebalder Amtskollegen Christian Geyer nach einem stärker spiritualisierenden Kultus. Die Auseinandersetzung mit der Amtskirche blieb natürlich nicht aus.

Kreativität und Bildungsimpulse durch Venus und Merkur

Nürnbergs Bedeutsamkeit im kreativen und handwerklichen Fortschritt zeigte sich im späten Mittelalter im Wirken von Personen wie Albrecht Dürer, Veit Stoß, Adam Kraft und Peter Vischer. Anton Koberger hat als Verleger und durch die Weiterentwicklung der Drucktechnik einen bedeutenden Beitrag zur Verbreitung wichtiger Schriften geleistet.

Philipp Melanchthon, ein führender Kopf des frühen Humanismus, lebte zeitweilig in Nürnberg. Hier entwickelte er im Auftrag des Rates der Stadt einen neuen Schultyp und gründete am Egidienplatz mit der „Oberen Schule“ das erste Gymnasium Deutschlands, das spätere Melanchthon - Gymnasium. Auch wirkte er als Schlichter im Streit um den Fortbestand des Klarissenklosters *(siehe S. 58)*.
Im 19. Jahrhundert ist außerdem der zweite Bürgermeister Johannes Scharrer als bedeutender Impulsgeber zu nennen. Er begründete Volks- und Bürgerschulen, das städtische Sparkassenwesen und das Polytechnikum. Er ist außerdem als treibende Kraft bei der Vorbereitung und dem Bau des *Adlers*, der ersten deutschen Eisenbahnlinie, anzusehen.
Zum merkurischen Einfluss von politischer Neugier und aufgeschlossener (= bewegter) Kommunikation gehört auch das Konzept der *Kultur von unten*. Es wurde durch den Nürnberger Kulturreferenten Hermann Glaser in den späten Siebziger Jahren ins Leben gerufen. Dies förderte über die Einrichtung der *Kulturläden* die Bildung politischer und sozialer Bewusstseinsstrukturen an der Basis der Bevölkerung.
Ebenso diente die Aufarbeitung der Geschichte des Dritten Reiches im Nürnberger Dokumentationszentrum und im Memorium Nürnberger Prozesse der Bildung von kritischem Bewusstsein. Ganz in dieser Strömung steht ebenfalls das zeitgenössische Kunstwerk „Straße der Menschenrechte“ des israelischen Künstlers Dani Karavan, das in einer Reihung von siebenundzwanzig Säulen in verschiedenen Sprachen der Welt den Text der Menschenrechte zeigt. Bei der Einweihung des Kunstwerks 1993 entstand die Idee zur Stiftung des Internationalen Nürnberger Menschenrechtspreises, der seit 1995 alle zwei Jahre verliehen wird.
Das Forum Nürnberger Werkstätten für Behinderte startete 2008 die Pflanzaktion *Ein Gingkobaum für Menschenrechte*. Ziel war es, für jeden Artikel der Menschenrechte mindestens einen Baum zu pflanzen und dazu einen Stein mit einer Tafel des jeweiligen Artikels zu setzen. So sind die Menschenrechte im öffentlichen Bewusstsein verankert.

III. BETRACHTUNG DER GEOMANTISCHEN STRUKTUR NÜRNBERGS

Diese Strukturen ergeben sich aus der Lage verschiedener (im Methodenteil erklärten) Kraftlinien, Einstrahlpunkte und ihrer Wechselwirkung. Im Folgenden stelle ich beispielhaft deren Wirkung auf die Verhältnisse in Nürnberg dar.

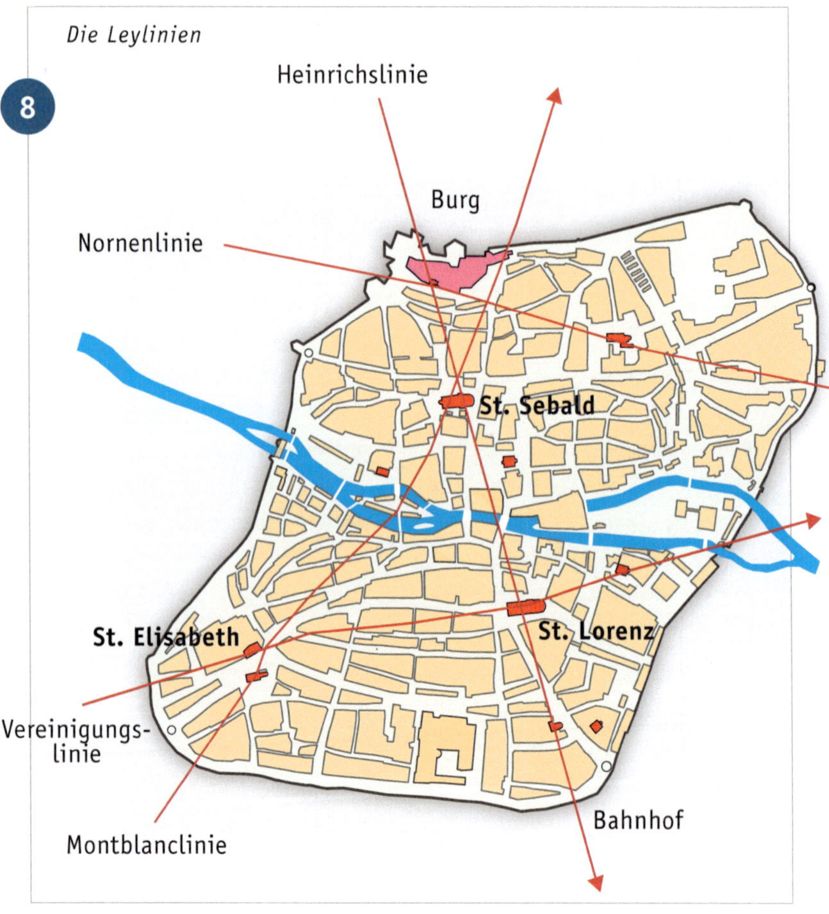

1. DIE LEYLINIEN

Eines der Grundmuster in der Entwicklung mittelalterlicher Städte ist das Wachstum entlang der Leylinien, ausgehend von „Kristallisationspunkten“ (= wichtigen Gebäuden). Sie dienten zur Identitätsfindung und zur energetischen Versorgung der Siedlungen. In Nürnberg wird dieses Grundmuster durch die Lage von vier Leylinien gebildet:

Die Burg, St. Sebald, St. Lorenz und St. Elisabeth liegen an Schnittpunkten dieser Linien. Ihre Benennung folgt zum Teil ihrer Beschreibung in der geomantischen Literatur (Nornenlinie), ihrem Verlauf (Mont-Blanc-Linie) oder ihrer Bedeutung (Heinrichslinie und Vereinigungslinie).

Heinrichslinie

Die Linie von der Burg zur Lorenzkirche nenne ich Heinrichslinie, denn in ihrem Verlauf hat das Kaiserehepaar Heinrich und Kunigunde an mehreren Stellen bauliche Spuren hinterlassen. Sie verbindet viele geomantisch wichtige Plätze. In den Hassbergen verläuft sie durch die Kraft- und Heilorte Lichtenfels und Rotenhan. Im Bamberger Dom geht sie durch das Grab von Heinrich und Kunigunde. Über das ehemalige Kloster Schlüsselau im Tal der Reichen Ebrach verläuft sie durch den Marienerscheinungsort in Heroldsbach und durch den Rathsberg in Erlangen.

Anhand der Wirkungen der Heinrichslinie lässt sich erkennen, dass eine ihrer wesentlichen Qualitäten die Heilkraft ist. So bildet sie die energetische Basis für die Heilkräfte an den Heilfelsen in Lichtenfels und Rotenhan. Die Felsen der Burgruine Rotenhan wurden vom Ehepaar Tränkenschuh detailliert in Bezug auf ihre Heilwirkung beschrieben. Zusammen mit der Heilpraktikerin und Homöopathin Eva Wolf habe ich dort über mehrere Jahre hinweg, heilkräftige und geomantisch wirksame Kraftplatzessenzen hergestellt.

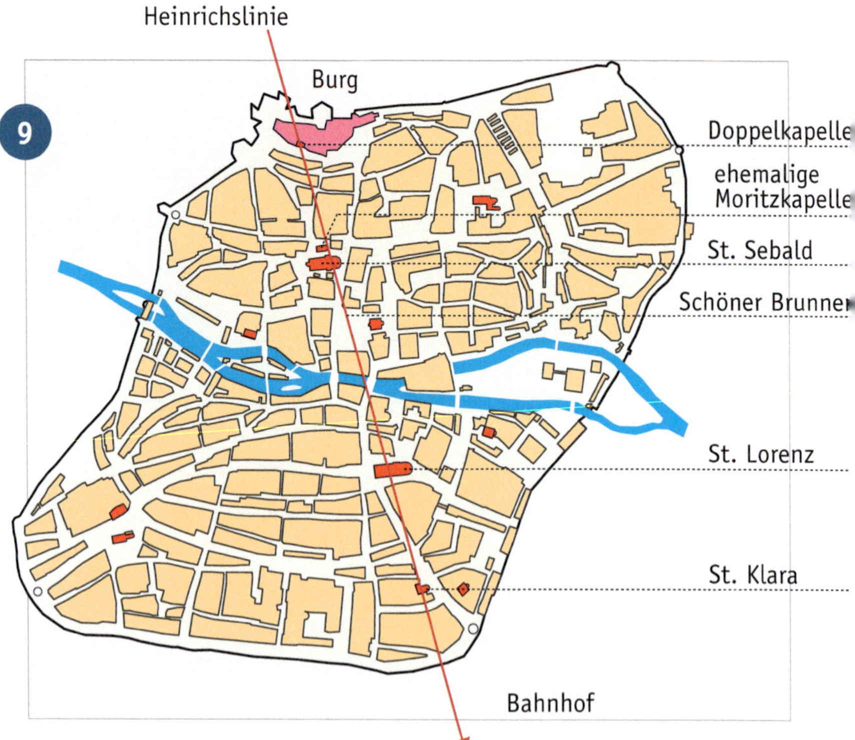

Der Platz in Heroldsbach wurde dadurch bekannt, dass Kinder seit 1949 von mehreren Engels- und Marienerscheinungen berichteten. Auf ihre Anweisung wurde an einer bestimmten Stelle nach einem heilsamen Wasser gegraben, das inzwischen von vielen Menschen geschätzt und genutzt wird. Der Erscheinungsort Heroldsbach findet sich auf der Leylinie ziemlich genau auf halber Strecke zwischen dem Bamberger Dom und der Nürnberger Doppelkapelle.

DOPPELKAPELLE

In der Nürnberger Altstadt kommt die Heinrichslinie in der sogenannten Doppelkapelle auf der Burg an. Dort gibt es im ersten Stock und im Parterre getrennte Zugänge für die Edlen und das Volk. Beide Stockwerke sind durch eine quadratische Auslassung zueinander geöffnet, die mit vier Säulen umrahmt ist. Die Kernzone *(siehe S. 35)* der Leylinie verläuft genau durch eine bestimmte Säule, die in der Gründungssage (33) beschrieben ist:

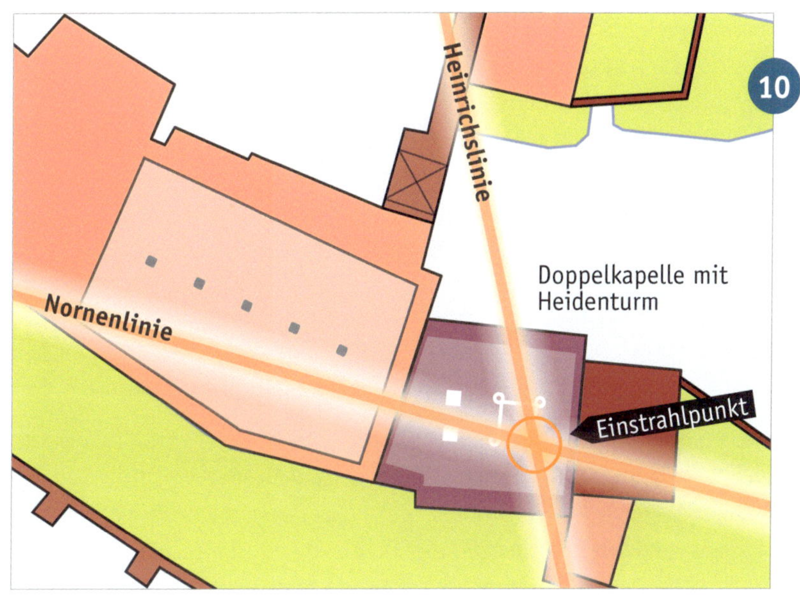

Die Wette mit dem Teufel:
Unter dem Burgkaplan Cyrillus sollte eine Kapelle auf dem Burgberg gebaut werden. Der Bau musste zu einem festen Einweihungstermin fertig sein. Kurz vorher fehlten aber immer noch die vier Säulen für die Vierung. Nun kam ihm der Teufel zu Hilfe. Er bot ihm an, vier Marmorsäulen aus einer alten Kirche in Rom zu liefern und zwar so schnell, dass er die letzten Worte der Messe noch nicht gesprochen habe.
Der Pater ließ sich auf die Wette ein und begann sofort mit der Messe. Zur Hälfte der Zeit waren schon drei Säulen da. Ein fürchterliches Gewitter lag über der Burg. Der Pater kürzte deshalb die Messe ab und sprach die Schlussworte: "Ite missa est". Im gleichen Moment kam der Teufel mit der vierten Säule durch die Luft daher gebraust. Als der aber merkte, dass er verspielt hatte, schmetterte er die Säule auf den Boden, dass sie in zwei Stücke zersprang.

Soweit die Sage. Die geomantischen Untersuchungen ergaben, dass eine der wesentlichen Schwingungen der Leylinie eine Wellenlänge von 21,4 cm hat. Ein Fokus dieser Schwingung verläuft genau durch die Säule mit dem Ring – die in Wirklichkeit nicht zerbrochen ist, aber als einzige einen aus dem Stein

herausgearbeiteten Ring hat. Der Säulenumfang beträgt genau 171,2 cm. Dies ist das Achtfache der gemuteten Schwingungslänge.
Über Resonanz wird die Schwingungsqualität in den Bau übertragen und durch diesen Ring gekennzeichnet. Die Kenntnis wirksamer Kräfte am jeweiligen Ort und die Verwendung von resonanten Maßen ist bezeichnend für das Wissen der damaligen Bauhütten und Baumeister als Eingeweihte der Geomantie. Heute lassen sich in der Doppelkapelle folgende Energien feststellen: Ein Einstrahlpunkt von Jupiter, ein Fokus des Erzengels Raphael und ein Fokus des Erzengels Metatron.

MORITZKAPELLE

Sie wurde auf der Nordseite der Sebalduskirche in der ersten Hälfte des vierzehnten Jahrhunderts gebaut. Ihr Vorgängerbau im Bereich des jetzigen Hauptmarktes wurde abgerissen. Der neue Standort ist geomantisch bestimmt durch die Kreuzung der Heinrichslinie mit der Montblanclinie *(siehe S. 63)*. Die Kapelle wurde immer wieder mit profaner Nutzung belegt. Spirituelle Impulse konnten nicht Fuß fassen. Nach der Zerstörung 1944 wurde sie nicht wieder aufgebaut. Ihre Grundmauern sind im Bodenbelag des Sebalder Platzes sichtbar gemacht. So kann man die Leykreuzung im Zentrum des Ostchores heute gut begehen. Die Kraft des Ortes ist gut zu spüren, dennoch meine ich, dass sie durch geeignete Maßnahmen von Belastungen zu reinigen und ihre geistige Durchlässigkeit noch zu potenzieren wäre.

ST. SEBALD

In der Sebalduskirche und ihrem Vorläuferbau, der Peterskapelle verläuft die Heinrichslinie durch das Sebaldusgrab. Diese Stelle war in der romanischen Baustufe, also vor Errichtung der gotischen Apsis, der östlichste Punkt der Kirche. Das Sebaldusgrab selbst wurde dann ab 1488 von Peter Vischer für die Gebeine des Schutzheiligen erschaffen. Diese Reliquien werden auch heute noch in regelmäßigen Abständen auf ihren Zustand überprüft und, falls nötig, konservatorisch behandelt.

Über den Heiligen werden viele Wundertaten berichtet, ich halte mich im folgenden an die Darstellung von Arno Borst, der diese Legenden nach ihrer typologischen Entsprechung beurteilt (34). „Die bekannteste und sehr bemerkenswerte Legende handelt da-

von, dass der Einsiedler und spätere Bischof Sebaldus Eiszapfen anzündete, um sich zu wärmen. Er fährt auf seinem Mantel über die Donau, ohne nass zu werden. Ein zerbrochenes Glas fügt er mit den Händen zusammen, einem Bauern, der sein Vieh nachts im Wald sucht, macht er die Finger zu Leuchten. Bei klirrender Kälte schürt er mit Eiszapfen ein, einem Geblendeten gibt er das Augenlicht zurück. In alter Zeit sagte man, dass ihm durch Gottes Güte Himmel und Erde, Wasser und Feuer halfen". – Das bedeutet nichts anderes als die Mitwirkung der Elementarkräfte. Die Kräfte der Leylinie und die des Eingeweihten multiplizieren sich an dieser Stelle.

Säulen in der Doppelkapelle

Sebaldusgrab

geschmiedeter Ring am Schönen Brunnen

Lorenzkirche Nordturm

DER SCHÖNE BRUNNEN

Südlich der Sebalduskirche liegt der Schöne Brunnen auf der Heinrichslinie. Hier war vor 1348 ein Zentrum des jüdischen Lebens und Handels. Auf Betreiben der christlichen Händlerschaft und mit urkundlicher Genehmigung Karls IV. wurden 562 Juden getötet, die Überlebenden vertrieben und ihre Häuser und Geschäfte abgebrochen. Danach wurde dort ein zentraler Marktplatz eingerichtet und auf dem Platz der zerstörten Synagoge die Frauenkirche (Stadtpfarrkirche Unserer Lieben Frau) erbaut. Ab 1385 wurde der Schöne Brunnen aufgestellt, gestiftet von den Bürgern der Stadt.

Interessant ist hier die Parallelität der dargestellten Themen am Sebaldusgrab und am Schönen Brunnen. An beiden Stellen wird der gesamte archetypische Kosmos der damaligen Zeit dargestellt. Mit den Figuren des Alten und Neuen Testaments, antiken Helden, Philosophen und berühmten Staatsmännern wollte man das spirituelle Abbild der heilen Ganzheit zeigen. Der Bau des *Himmlischen Jerusalem* ist auch hier das Urbild, auf das man sich bezog.

Der Brunnen hat seit 1586 ein kunstvolles Gitter zu seinem Schutz. Im Südwestbereich dieses Gitters ist ein Messingring ohne Schweißnaht integriert. Viele Touristen und Einheimische glauben an die Kraft dieses Wunschringes. Bei geomantischer Untersuchung stellt man fest, dass hier ein energetisch aufladender Punkt ist. Rutengänger nennen solche Punkte *Wittmannsche Polpunkte*, deren aufbauende Wirksamkeit sich auf der ätherischen Ebene abspielt. Nordöstlich, diametral entgegengesetzt, befindet sich ein zweiter, weniger bekannter grauer Ring aus Damaszenerstahl. Auch er ist ohne Schweißnaht eingearbeitet. Dieser Ring liegt, wie in der Doppelkapelle die beringte Säule, genau in der Kernzone der Heinrichslinie.Dem Volksmund nach soll der Brunnen für die Fruchtbarkeit der Nürnberger sorgen.

Geomantischer Hintergrund dazu ist wohl die feinstoffliche Funktion des Brunnens, wie eine Akupunkturnadel zu wirken. Er stellt Resonanz mit der Leylinie her und verankert ihre Kraft dadurch noch einmal in der Stadt. So wird der Wachstumsimpuls Jupiters auch hier wirksam. Die Anziehungskraft des Nürnberger Christkindlesmarktes hat, so meine ich, eine ihrer Ursachen darin.

ST. LORENZ

An der Stelle der heutigen Lorenzkirche befand sich bis 1250 eine dreischiffige Pfeilerbasilika, die dem „Heiligen Lorenz zum Heiligen Grab" geweiht war. Den Bürgern der Stadt war eine Bürgerkirche südlich der Pegnitz wichtig. Vorbild war die Sebalduskirche, mit der es offensichtlich ein wenig Konkurrenz gab, denn St. Sebald hatte mit den Reliquien und dem daraus resultierenden Zulauf den „attraktiveren" , weil direkt mit dem Ort verbundenen Heiligen. Den Bau der „Bürgerkirche" und ihre hochrangigen Kunstwerke finanzierte zu großen Teilen das Patriziat. Ab 1315 bestand hier eine eigenständige Pfarrei. Der Hallenchor wurde 1477 fertiggestellt.
In der Lorenzkirche verläuft die Heinrichslinie durch die Mitte des Nordturmes. Seit einiger Zeit befindet sich dort ein Kreis zur stillen Meditation, dessen kraftvoll konzentrierende Wirkung deutlich zu spüren ist. Dort hat in den letzten Jahren auch das wiederentdeckte „Fragmentenkreuz" seinen Platz gefunden.
Die Qualität dieses Punktes wird bestimmt von der Kreuzung der Heinrichslinie mit der Vereinigungslinie (*siehe S. 67*). Wer sich hier auf die höchste ihm zugängliche Energie einschwingt, kann auch die Präsenz von Engeln der ersten Hierarchie erleben und kommt damit in Kontakt mit den Sternenkräften der Milchstraße – unserer Heimatgalaxie *(siehe S. 20)*.
An der Westfront außen am Turm ist ein Eisenmodell des Grundmaßes der Kirche und auch weiterer Bauwerke angebracht. Dieser sogenannte „Nürnberger Werkschuh" ist 27,84 cm lang und wurde auch als dreifacher und fünffacher Werkschuh verwendet. Der dreifache Werkschuh hat damit die Länge von 83,52 cm. Denken wir noch einmal an den Säulenumfang der Doppelkapelle, so bemerken wir, dass dieser mit zweimal 85,6 cm etwas länger ist. Damit liegt der Werkschuh zwar noch im Bereich der Resonanz zur Leylinie, ist aber etwas zu kurz für eine saubere Resonanz.
Besteigt man den Nordturm, befindet man sich während des gesamten Aufstieges in der Energie der Leykreuzung. Blickt man nach Norden, so sieht man den Schönen Brunnen, den Chor der Sebalduskirche und dahinter die Doppelkapelle links neben dem Heidenturm, also die Bauten auf der Heinrichslinie. Ein wunderbar augenfälliger visueller Zusammenhang!

ST. KLARA

Die letzte Station in der Altstadt auf der Heinrichslinie ist die Kirche St. Klara. Aus dem 1230 erbauten Klarissenkloster ging ab 1270 ein Neubau auf den alten Fundamenten hervor. Der Bau wurde von der Bamberger Bauhütte durchgeführt, die auch in St. Sebald tätig war (35).

Das Klarissenkloster war Siechenhaus, versorgte Arme und stellte sich als Zentrum des Widerstandes gegen die Reformation heraus. Die berühmte Äbtissin Caritas Pirckheimer, hochgebildete Schwester des Philosophen Willibald Pirckheimer konnte, wie erwähnt, durch einen aufsehenerregenden Disput mit Luthers Freund Philipp Melanchthon die Auflösung des Klosters zunächst verhindern. Dennoch wurden die dort befindlichen Patriziertöchter, teilweise gegen ihren Willen, aus dem Kloster gebracht und zu heiratspolitischen Eheschließungen gezwungen. Der Äbtissin wurde die Neuaufnahme von Postulantinnen verboten.

Der Haupteingang vom Kloster zur Kirche lag für die Nonnen im Westen, der Eingang für die Stadtbevölkerung dagegen lag im Norden von der Königsstraße her. Bei der Renovierung 2006/2007 wurde dieser Eingang geschlossen und in die Pirckheimerkapelle verlegt.

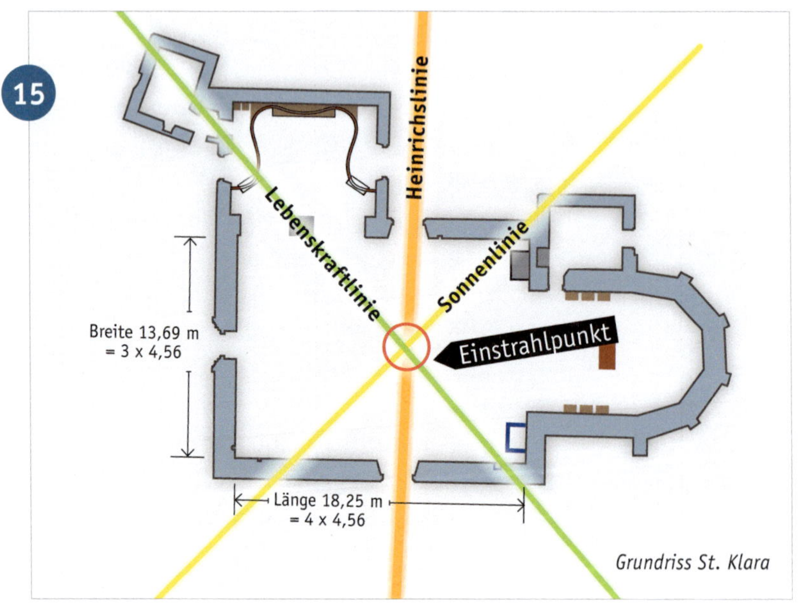

Grundriss St. Klara

Die Proportion des Hauptraumes ist 3 : 4. Dies entspricht dem musikalischen Intervall einer Quarte, das (im Gegensatz zur „göttlichen" Quinte) das weltliche, auf den Menschen bezogene Intervall war. Der ehemalige Eingang vom Norden her teilte die Länge des Hauptschiffes im Verhältnis 3:5. Die Gesamtlänge beträgt ca. zweiundzwanzig mal den dreifachen Werkschuh und hat damit ein Resonanzmaß zur Leylinie, die genau durch diesen Nordeingang verläuft und die Hauptenergiequelle der Kirche darstellt. Bei der Renovierung wurde eine sehr zurückhaltende Ausstattung gewählt, um der Kirche eine meditative Qualität zu geben. Leider wurde im Boden der Kirche eine elektrische Fußbodenheizung eingebaut, die den Zugang zu den Energien etwas erschwert.
Im weiteren Verlauf der Heinrichslinie nach Süden habe ich als letzten baulich wirksamen Punkt die Burg in Hilpoltstein lokalisiert. Danach verläuft sie weiter in Richtung München.

Nornenlinie

Die Linie von der Kaiserburg nach St. Bartholomäus im Stadtteil Wöhrd wird in dem frühen geomantischen Werk des Geistesforschers Jens Möller „Geomantie in Mitteleuropa" (36) als Nornenlinie beschrieben. Ihre schicksalhafte Wichtigkeit für den mitteleuropäischen Raum ließ ihn diesen Namen wählen. Ihr Verlauf geht von Aachen über Frankfurt, Würzburg, Fürth, Nürnberg, Regensburg (nicht durch den Dom, sondern durch die Walhalla) nach Wien. Von mir selbst geomantisch vor Ort untersucht ist ihr Verlauf von Fürth über Nürnberg bis zum Wallfahrtsort Habsberg bei Lauterhofen. Berichte der Geomantiegruppen in Aachen, Regensburg und in Wien lauten zustimmend.
In Nürnberg kommt die Nornenlinie über den Stadtteil Schniegling, den Westfriedhof und den Johannisfriedhof an, sie bildet hier die Längsachse der Johanniskirche. Der Friedhof ist durch die Gräber berühmter Persönlichkeiten bekannt. Hinter dem Ostchor der Kirche ist ein Grab mit einer Darstellung von zwei in sich selbst verschlungenen Schlangen, die je einen Ring

bilden. Hierin drückt sich die Ewigkeits- und Unsterblichkeitssymbolik als Wissen aus mehreren Kulturen aus: Wir kennen das Bild von der Mitgardschlange, deren Leib die Welt zusammenhält, aber sie auch zerstören kann und wir kennen die Kraft der Kundalini, die ebenso bedrohlich wie schöpferisch ist. Beim Kampf Michaels mit dem Drachen geht es bildhaft um die Balance dieser Kräfte. Im Feng-Shui werden Linien wie die Nornenlinie Drachenlinien genannt, womit ihre feurige Qualität betont wird.

Vom Johannisfriedhof aus verläuft die Nornenlinie ostwärts, den Kreuzweg mit den Bildstöcken von Adam Kraft entlang. Eigentlich ein hochspiritueller Meditationsweg, aber in der Burgschmietstraße ist der Genuss der Energie durch die Parkplätze auf der nördlichen Straßenseite unmöglich gemacht. Es wäre wünschenswert, diesen Bereich so umzubauen, dass die spirituellen und geomantischen Kräfte dieses Kreuzweges wieder zugänglich werden. Die bei Nürnbergern sehr beliebte Johanniskirchweih profitiert von der Energie der Linie, ebenso wie dies wohl auch die Hesperidengärten für die erholungssuchenden Patrizier taten.

Die Nornenlinie verläuft in der Fortsetzung dieses Pilgerweges zur Burg. Rittersaal und Kaisersaal werden an ihrer Südwand durch die Linie energetisiert,

16

indem die Quarzkristalle der Sandsteinwand in Resonanz mit der Schwingung gehen und sie dadurch verstärken.

Über die Erkenntnis der Existenz dieser Linie wird aber auch die energetische Verbindung zu Aachen, der Karlsstadt klar, ebenfalls erklärt sich der Bezug der Pfalzkapelle Karls des Großen zur Nürnberger Doppelkapelle. Hier findet sich dann die Kreuzung der Nornenlinie mit der Heinrichslinie (*siehe S. 52*). Weitere anzeigende und geistig ausstrahlende Bauten auf dem Weg der Linie sind die Egidienkirche mit ihren Kapellen und die Bartholomäuskirche in Wöhrd.

Es ist außerdem (unterstützt durch die Forschungen Conrad Scherzers und Jens Möllers) ein Bezug der Nornenlinie zu der räumlichen Bewegung der Reichskleinodien zu vermuten (*siehe Bildanhang 1*). Es macht den Eindruck, als ob im damaligen Deutschen Reich die Kleinodien (eine Sammlung von stark mit ätherischer Kraft geladenen Gegenständen) zur Verstärkung der Nornenlinie an dieser immer wieder entlang bewegt wurden. Genauso ist aber ist der Versuch, die Kleinodien an der Linie aufzuladen denkbar. Wahrscheinlich geschah bei diesen Schau-Fahrten beides wechselseitig.

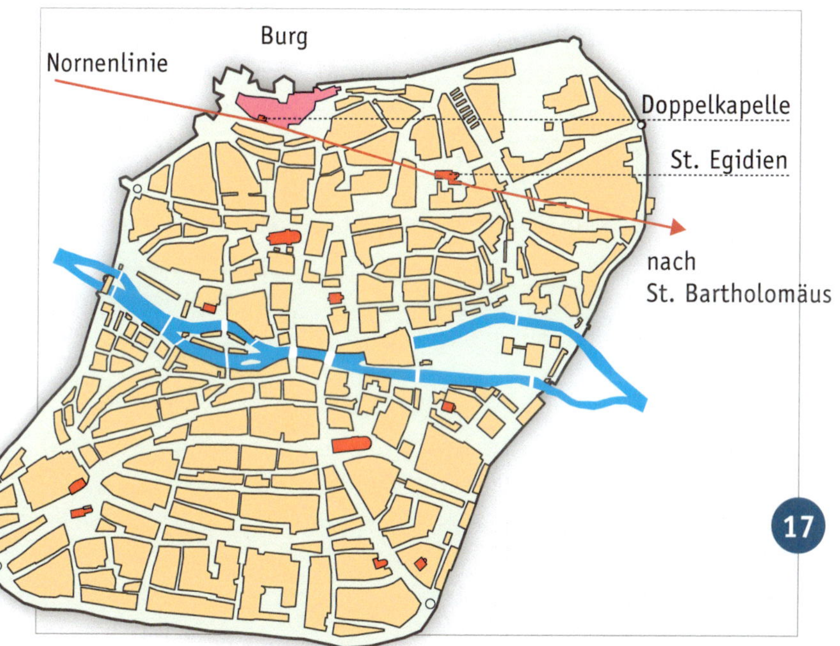

Unsere heutige Einschätzung der Wirksamkeit von Reliquien deckt sich kaum mehr mit der Bedeutung, die ihnen zu jener Zeit zugebilligt wurde. Eine zeitgenössische Aufzählung aller Bestandteile der Heiltümer findet sich im Bildanhang 2. Ich habe an vergleichbaren Reliquien eine starke auratische Ausstrahlung feststellen können, die durch die Ausstattung mit wirkungsvollen Edelsteinen und Edelmetallen noch verstärkt wurde. Überdies entsteht eine zusätzliche Aufladung durch die der Reliquie entgegengebrachte tätige Verehrung.

Montblanclinie

Die Aussagen über den Verlauf dieser Linie im Großraum sind für meine Ansprüche noch nicht ausreichend gesichert. Vor Ort habe ich den Verlauf in Nürnberg und im Fichtelgebirge am Ochsenkopf selbst an mehreren Punkten überprüft. Züricher Forscher bestätigen den Verlauf durch ihre Stadt. Ein befreundeter Geomant hat mich auf den Verlauf der Linie durch die Kirche St. Egidien in Beerbach hingewiesen, was inzwischen von mir selbst und anderen Nürnberger Geomanten bestätigt wurde. Eine erste, dem Heiligen Nikolaus geweihte Kapelle nahe einer als heilkräftig verehrten Quelle soll um 1388 zerstört worden sein. Der Sage nach wollte man an derselben Stelle einen Neubau errichten, doch trugen Engel dreimal das Baumaterial an einen neuen, den heutigen Platz. Neben der Kirche findet sich die Quelle heute noch. Sie ist leider durch Einsickerung von Nitrat aus der benachbarten Landwirtschaft belastet. Wir versuchten sie mit der Geomantiegruppe Nürnberg in meditativer Arbeit wieder aufzuladen und neu an ihre geistigen Quellen anzubinden.

Der Mont Blanc scheint die Quelle dieser Linie zu sein. Er erfüllt nach meiner Intuition für West- und Mitteleuropa die Aufgabe, die Wirkung des Christusimpulses auf die menschlichen Herzkräfte aus der Erdsphäre heraus zu stabilisieren. Weitere Erkundungs- und Heilungsarbeiten vor Ort sind hier noch nötig. Von Süden her kommt die Linie zuerst durch die Kirche St. Jakob. Sie ist eine der ältesten Kirchen in Nürnberg und wurde vor 1209 er-

baut. Nach der Schenkung an den Orden der Deutschritter im Jahr 1289 wird die romanische Kapelle vergrößert und umgebaut. 1304 entsteht gegenüber der Kirche das Hospital St. Elisabeth mit einer kleinen Kapelle. Das daneben liegende Ordenshaus wird um 1800 zur Kaserne. Heute steht dort das Polizeipräsidium. Aus dem Hospital entstand die heutige Elisabethkirche als Kuppelbau. Der Baubeginn verzögerte sich durch den Widerstand des Nürnberg Rates, der Bau selbst erwies sich als besonders schwierig, die Bauzeit (1785 bis 1902) als außerordentlich lang.
Das erste Konzept, vor allem der Entwurf zur Südfassade, stammte von Balthasar Neumanns Sohn, Franz Ignaz Michael, der vier Jahre nach der Grundsteinlegung verstarb. Die nächste Planung im klassizistischen Stil erwies sich als zu teuer, so dass nacheinander drei weitere Architekten mit der

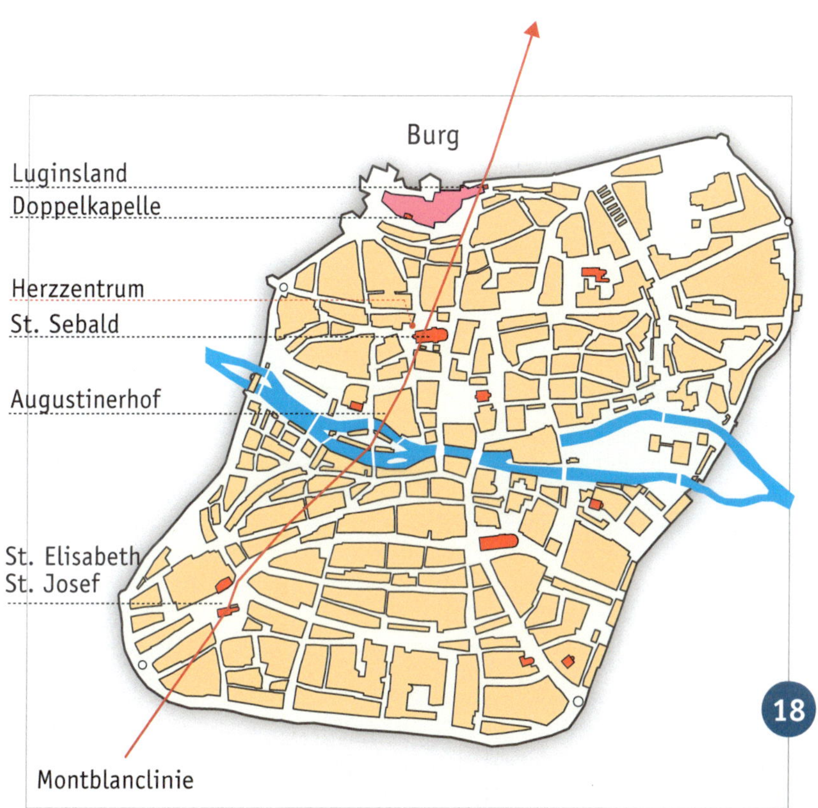

18

Erarbeitung einer kostengünstigeren Lösung beauftragt wurden. Der fünfte Architekt nach Neumann verstarb ebenfalls während der Bauarbeiten. Unter dem sechsten Planer wurde die Kirche fast fertig, doch durch die Säkularisierung blieb der Bau fast achtzig Jahre in unvollendetem Zustand. Erst 1903 wurde die Kirche dann fertiggestellt. Diese Baugeschichte zeigt meiner Meinung nach eine Störung astraler und geistiger Potenziale. Die Leylinie hat Herzqualität, doch die militante Ausrichtung des Deutschordens passte nicht zu dieser Herzqualität. Etwas von dieser Qualität ist noch in der Krypta unter der Kirche zu spüren. In der gegenüber liegenden Jakobskirche kommt die Herzqualität ohne diese Belastungen viel besser zur Wirkung.
Die Linie verläuft weiter über den Trödelmarkt und den Augustinerhof zur Sebalduskirche. Der wichtigste Punkt, den sie in Nürnberg berührt, ist das Zentrum der Herzkräfte an der Mauer zum Sebalder Pfarrgarten gegenüber dem Nordturm der Kirche. Durch wiederholte Erdheilungsarbeit der Nürnberger Geomantiegruppe in den Neunziger Jahren wurde die stark verletzt vorgefundene Herzqualität des Ortes langsam stabilisiert und konnte sich wieder entfalten. Gerade die Herzzentren subsumieren auftretende astrale und geistige Störungen, wie sie einer Stadt und ihren Bewohnern zugefügt werden, zum Beispiel durch Gewalttaten und kriegerische Auseinandersetzungen. Bei einer städtischen Umgestaltung des Sebalder Platzes wurde dem Herzzentrum durch Verkehrsberuhigung mehr Raum gegeben und das Verweilen am Ort durch Bänke angeregt.
Die Linie selbst verläuft durch den Südturm von St. Sebald und kreuzt sich mit der Heinrichslinie in der früheren Moritzkapelle, deren Grundriss im Pflaster seit dieser Umgestaltung sichtbar gemacht wurde *(siehe S. 54)*. Auf der Burg verläuft die Linie durch den „Luginsland", den Turm östlich der Kaiserstallung, die als Jugendherberge genutzt wird.
Da die Herzkräfte immer ausgleichend und verbindend zwischen kosmischen und Erdimpulsen wirken, lässt sich die Aufgabe der Stadt Zürich als Herzpol für den ätherischen Raum Mitteleuropas verstehen. So wie sich Zürich heute als Finanzzentrum zeigt, wird aber klar, dass hier entgegengesetzte Kräfte wirksam sind. Doch auch dort ist eine Gruppe von Geomanten im Sinne der Herzkräfte heilend tätig.
In Nürnberg gibt es, wie in vielen anderen Städten, gute Ansätze, die Herz-

kraft in gemeinsamen Feiern zu manifestieren. Beim Bardentreffen habe ich beobachten können, wie eine hellblaue Lichtstrahlung der integrativen Sophienkraft über der Altstadt lag. Im Luitpoldhain, beim Klassik-Open-Air waren für mich klangbegleitende Engel über dem Orchester und sich ergötzende Luftgeister im Park wahrzunehmen. Da die Herzkraft für die Montblanclinie das Hauptmerkmal ist, möchte ich deren Qualität hier etwas näher beschreiben.

Die zentrale Bedeutung der Herzkraft

Der Bedeutung des Herzens im Feinstofflichen und Geistigen entspricht folgende Besonderheit im messbar Physikalischen: Neurokardiologische Forschungen ergaben, dass das Herz das stärkste und umfassendste elektromagnetische Feld im menschlichen Körper aufweist. Es liefert eine vierzig- bis sechzigmal größere Amplitude als jenes Feld, das vom Gehirn ausgeht. Auch das Magnetfeld des Herzens ist ungefähr fünftausendmal stärker als das des Gehirns (38).
In der mitteleuropäischen Lebenskultur war die Pflege der Herzkraft durch die beiden Weltkriege blockiert. Damit ist vor allem das öffentliche gesellschaftliche Klima gemeint. Im persönlichen Miteinander walteten Herzkräfte natürlich trotzdem. Es stimmt in diesem Zusammenhang nachdenklich zu hören, dass in Deutschland die Rate der Herzerkrankungen höher ist als in anderen europäischen Ländern.

Die Arbeit mit der Herzkraft

In der Herzenergie treten sowohl das intellektuelle Denken als auch das subjektive Engagement zurück. Während in der ätherischen Sphäre nämlich Sympathie und Antipathie Instrumente der wahrnehmenden Erkenntnis sind, ist dies auf der Herzebene nicht der Fall.

Beim Aufsuchen der Herzenergie muss man von persönlichen Gefühlen Abstand nehmen, denn der Fokus des Bewusstseins soll vollkommen auf das Herzchakra ausgerichtet sein. Hilfreiche Vorstellungen sind dabei Bilder von Farbe, Form und Bewegung dieses feinstofflichen Organs. Der eigene Herzraum wird dabei zunächst als leer empfunden. Meist hat die folgende Wahrnehmung den Charakter einer lichten, warmen Emotion, die nicht an eine Reaktion auf Äußeres gebunden ist, sondern aus sich heraus ausstrahlt. Weitere Erfahrungen bei solcher Arbeit mit dem Herzen sind die Empfindungen von Enge oder Weite.

In der meditativen Arbeit kann als dritter Schritt der Herzraum stückweise ausgedehnt werden. Dieser bewusste Umgang mit der Herzenergie verändert die Einstellung zum Leben radikal. Aus der früher wertenden Betrachtung wird empathische Wahrnehmung der Umgebung. Im Buddhismus spricht man vom Übergang des Mitleids in das Mitgefühl.

Wenn die Herzkraft in das alltägliche Leben integriert ist, übernimmt sie zunehmend die Funktion eines außergewöhnlichen Wahrnehmungsorgans: Man erkennt unmittelbar die tiefere Bedeutung der Dinge. Falsches und Unwahres erscheinen hohl und ohne Gewicht. Wahres, Gutes und Schönes sind jetzt Nahrung des Herzzentrums.

In diesem liebenden Licht des Herzens verwandelt sich langsam auch das Denken, denn man kommt in die Lage, die Eigendynamik des Gedankenflusses zu erkennen. Man wird beobachten, wie ein Gedanke den anderen nach sich zieht und so eine Gedankenwelle ausgelöst wird. Sie braucht in der Regel ihre eigene Zeitspanne bis sie wieder abebbt und Klarheit freigibt. Dann zeigt sich als ruhiger Hintergrund das unmittelbare reine Sein. Man ist nun in der Lage aus dem geistigen Herzen wahrzunehmen und zu handeln.

Vereinigungslinie

Bei der Namensgebung dieser Linie war für mich entscheidend, dass die kennzeichnende Schwingung über eine längere Strecke hinweg immer verbunden war mit der Vereinigung der männlichen und weiblichen Kräfte, sowie der rationalen und der emotionalen Seite des Lebens. Ihren Verlauf durch die Stadt habe ich genau untersucht, auch gemeinsam mit anderen Geomanten.

Die Vereinigungslinie ist in Nürnberg die Hauptenergiequelle für die Elisabethkirche und war es damit auch für den ehemaligen Königshof, den ersten herrscherlichen Bauimpuls auf der Seite der Lorenzer Altstadt. Man vermutet, dass es auf der Sebalder Seite etwa bei St. Egidien einen weiteren Königshof gab.

Weiter verläuft die Linie über den Weißen Turm und durch den *Ehekarussell-Brunnen*. Dort ist auf ein Herz aus rosa Granit das Hans-Sachs-Gedicht „Das bittersüße ehlich Leben" gemeißelt. Die enthaltene Textzeile: „Sie ist mein Wünschelrut und Segen" zeigt, dass das Rutengehen zu dieser Zeit noch durchaus positiv besetzt war! In der Folge verläuft die Vereinigungslinie über den Hefnersplatz. Dort ging sie durch ein ehemaliges Trainingszentrum

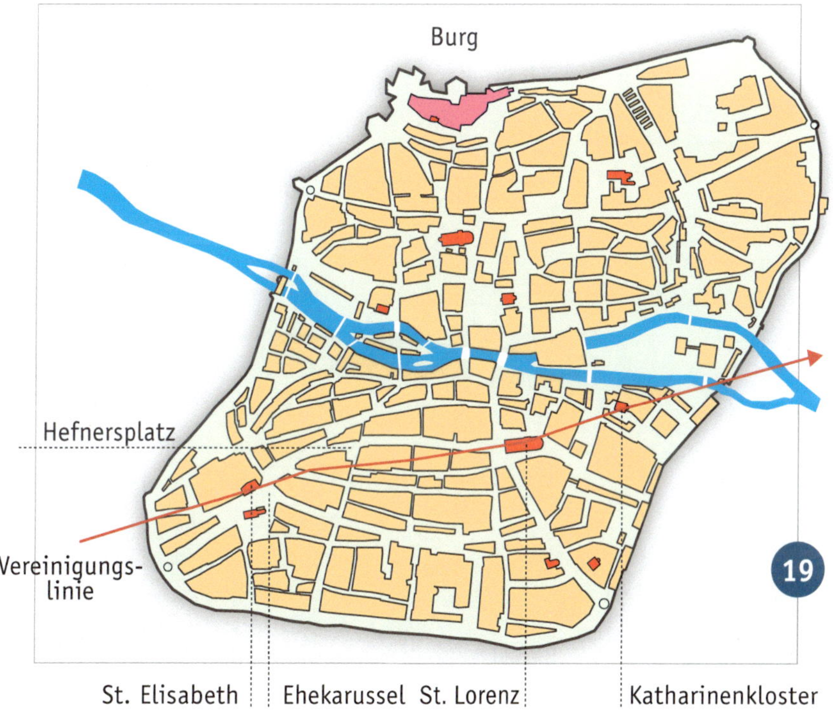

der Gesellschaft für Dianetik. Die dahinter stehende Scientology-Sekte profitierte von der dortigen Energie, prägte sie aber nur über eine kurze räumliche und zeitliche Strecke mit ihren manipulativen Impulsen. Mittlerweile ist die Sekte dort nicht mehr ansässig – ein Gewinn für die Energiequalität der Linien in diesem Bereich! Im weiteren Verlauf impulsiert die Vereinigungslinie bei ihrer Kreuzung mit der Heinrichslinie den Nordturm der Lorenzkirche mit dem erwähnten Meditationsraum *(siehe S. 57)*.
Als Nächstes wird das Katharinenkloster von der Leylinie gespeist. Hinzu kommt hier noch die wässrige emotionale Kraft aus dem Energiesystem Gabriels *(siehe S. 76)*. Das Kloster existierte von 1295 bis zur Reformation. Danach diente es teilweise als Versammlungsraum der Meistersinger. Die klangverstärkende Wirkung des schwingenden Wasseräthers wirkte sich hier sicher nicht nur emotionssteigernd aus. *(zu Klang und Wasseräther siehe S. 27)*. 1848 war es politischer Versammlungsort für die damalige „Demokratiebewegung". 1938/39 wurden die Reichskleinodien dort aufbewahrt. In St. Bartholomäus, (erbaut 1396) kreuzt sich die Vereinigungslinie mit der Nornenlinie, so dass hier wieder ein kraftvoller Ort besteht.

Ein Exkurs in praktischer geomantischer Arbeit

Ein Abschnitt der Vereinigungslinie wurde bei einer Begehung durch die Geomantiegruppe Nürnberg durchgängig als unangenehm, das heißt. energetisch belastet, empfunden. Es geht dabei um den Teil zwischen der Von-der-Thann-Straße bis zum Stadtteil Gostenhof. Wir beschlossen deshalb, diesen Teil durch Steinsetzungen im Westpark zu behandeln.
Ähnlich wie bei der Akupunktur wird in der Geomantie die Steinsetzung - auch Lithopunktur genannt - eingesetzt, um Energieflüsse positiv zu verstärken und zu harmonisieren. Um diese geomantische Methode bekannter zu machen, wurden die Steinsetzungen und ihre bildhauerischen Vorbereitungen an Ort und Stelle durchgeführt. Fragen und Antworten ergaben dabei für die zahlreichen Zuschauer ein lebendiges Bild geomantischer Arbeitsweisen. Die Steine wurden uns dankenswerter Weise vom Gartenbauamt

der Stadt Nürnberg zur Verfügung gestellt und sogar angeliefert. Wir stellten fest, dass im Verlauf der Linie die Kraft rhythmisch ab- und zunimmt. Wir entschlossen uns deshalb zu einer Konfiguration von zwei Steinen mit einem Abstand von ca. 106 m. Die Steine wurden in die energetischen Maxima der Linie gesetzt. Der erste Platz hatte die Qualität von Offenheit zum Geistigen hin. Der zweite Platz war mehr mit den Lebenskräften verbunden.
In der Mitte von Leylinien fließen fast immer feurige Ätherkräfte *(siehe S. 27)*. Hier war dieser Feuerbereich etwa 30 cm breit und in Kopfhöhe eines Erwachsenen. In diesen Bereich hinein wurden die Symbole auf den Steinen platziert. Unser Ziel war es, eine stark positiv erlebbare Zone für die Anwohner zu schaffen, die gleichzeitig unsere feinstoffliche Arbeit fühlbar werden ließ. Die Stärkung und Harmonisierung der gestörten Leylinie trug so wesentlich zum Gemeinwohl bei.

20 

 21

Der erste Stein zeigt ein gleichseitiges Dreieck mit der Spitze nach oben und eine nach der Fibonacci-Reihe (39) entwickelte Spirale. Das Dreieck als Feuerfigur stellt den Bezug zum Geistigen her. Die Spirale spiegelt den Weg vom Geist zur Materie. Hergestellt wurde das Kosmogramm von dem Bildhauer Urs Bezold.
Das Symbol des zweiten Steines wurde vom Autor selbst gemeißelt. Es besteht aus zwei freischwingenden Linien, die durch eine pulsierende Schlangenlinie verbunden werden. Dies ist als Analogie gedacht zu gehirnphysiologischen Ergebnissen über den Zusammenhang der rechten und linken Gehirnhälfte. Es geht bei dieser Steinsetzung um

die Verbindung der emotionalen mit den rationalen Kräften - also auch hier wieder um die Verbindung zwischen Leben und Geist.

Die handwerkliche Arbeit wurde im Zentrum der Linie vorgenommen, um schon während des Prozesses die verbindende Qualität der Leylinie in die Steine einarbeiten zu können. Wir behielten dabei die unbelastete Urqualität der Linie vor unserem inneren Auge. Dazu ist zu sagen, dass die Belastungen (zum Beispiel durch technische Einflüsse oder negatives menschliches Gebaren) immer durch einen „Wiederanschluss" an die gleichzeitig bereitstehende Urqualität zu heilen sind.
Die 240 cm langen Steine wurden zum Schluss ca. 60 cm tief in die Erde versenkt und rein mechanisch mit einem Flaschenzug aufgestellt. Den Betonfundamenten wurden zur Verbesserung der energetischen Wirkung folgende Essenzen beigegeben: Blütenessenz von der Schlüsselblume (zur Stärkung der Verbindung von weiblicher und männlicher Energie) und ein an einem Erdkraftplatz hergestelltes homöopathisches Mittel zur besseren Einerdung der Steine, die dann mit einer kleinen Zeremonie eingeweiht wurden. Heute, nach über zehn Jahren, steht die Energie um die Steine sehr klar da. Während am ersten Stein eine deutlich reinigende und klärende Schwingung herrscht, spürt man am zweiten Stein eine ganz feine, aber starke Belebung. Beide Plätze haben sich sauber gehalten, frei von Spuren des Vandalismus, der manchmal in öffentlichen Parks zu sehen ist.

Zusammenfassung

Zur Übersicht möchte ich noch einmal die Leylinien in ihrer Lage, ergänzt durch ihren übergeordneten räumlichen Bezug und ihre Haupteigenschaften zeigen. Man sieht, dass in der Nordhälfte (Sebalder Seite) drei Leykreuzungen sehr dicht beieinander liegen. Dies unterstreicht noch einmal die geomantische Bedeutung der Burg für die Stadt.

Die Linie Bahnhof Burg stellt auch touristisch die Hauptachse der Stadt dar. Menschen, die Nürnberg besuchen, profitieren hier von der Energie der Heinrichslinie und behalten so die Stadt in guter Erinnerung. Inzwischen wird diese Attraktivität vom Kulturamt der Stadt bei vielen Events genutzt.

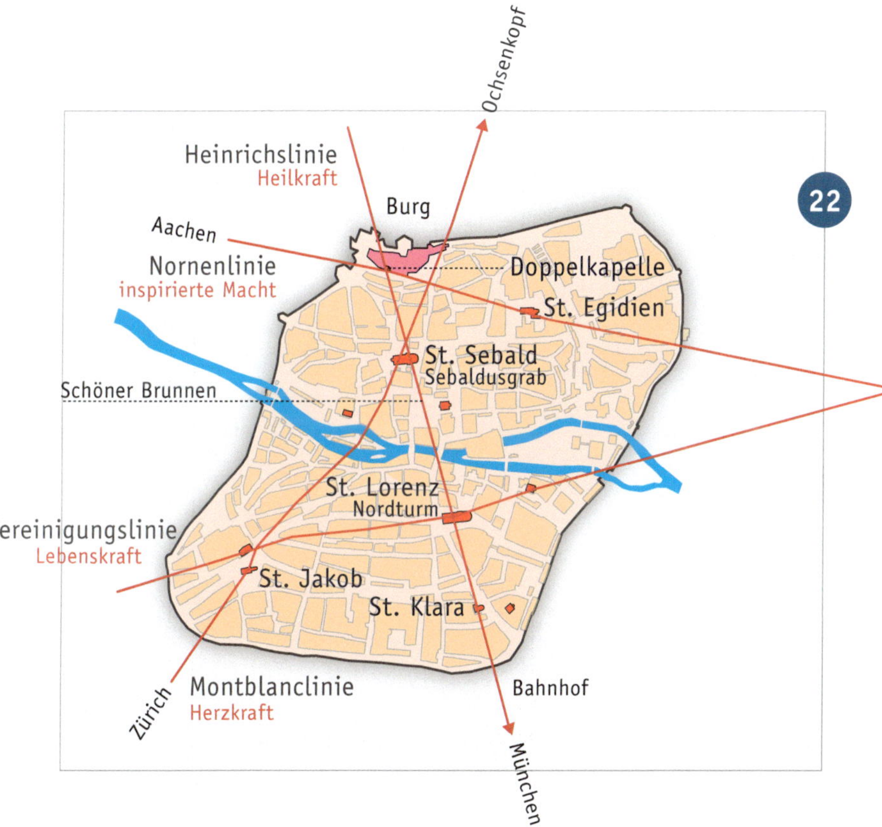

2. ZENTREN DER KRAFT

Im Gegensatz zu den räumlich übergeordneten Leylinien sind die Kraftzentren dadurch gekennzeichnet, dass sie einen empfangenden Fokus für geistige Impulse besitzen. Über die Ätherlinien breitet sich dann die jeweilige Kraft in den Raum aus und bildet an deren Endpunkten Kraftplätze für die Elementarwesen.
Dieser Vorgang stellt sozusagen eine Verdichtung vom Geistigen ins Ätherische dar. Immer mehr Menschen sind, wie schon erwähnt, heute fähig, die Kontaktaufnahme ihres eigenen ätherischen Systems mit dem Ätherischen der Landschaft zu bemerken und solche Kraftplätze zu erkennen. Im Folgenden möchte ich Beispiele geben für die Verteilung der Erzengel -, Planeten, und Lebenskraftzentren in der Stadt.

Das Verteilungsmuster der Gabrielskraft

Existenz und Verlauf des Gabrielssystems wurden mir durch folgende Erfahrung bekannt: In meinem Wohnhaus gibt es eine linksdrehende Wasserader, die den Bewohnern der drei Stockwerke schon allerlei Ungutes, wie chronische Schlaflosigkeit und wiederkehrende entzündliche Erkrankungen „beschert" hatte. Ich arbeitete daran, diese Kraft ins Positive zu bringen. In einem Traum erhielt ich die Anregung, zu überprüfen, warum die Schwingung dieser Wasserader „sauer" sei. Ich deutete diesen Traum als Aufforderung, den Ursprung der Wasserader zu suchen und habe sie von unserem Grundstück aus entgegen der Fließrichtung verfolgt. Sie verläuft hier durch ein Wohngebiet, das in den Siebziger Jahren entstand. Zu dieser Zeit wurde hauptsächlich mit armiertem, d.h. durch ein Eisengitternetz verstärktem Beton gebaut. So war die Ader bis zum alten Dorfkern von Kleinreuth hinter der Veste linksdrehend geworden. Im alten Ortskern jedoch, wo es fast nur alte Bauernhöfe aus Sandstein und Backstein gibt, war sie rechtsdrehend polarisiert.
Hinter dem Dorfkern im Randbereich des Marienbergparkes, in der Nähe einer großen Silberweide hörte die Wasserschwingung auf. Anscheinend lag hier die „Quelle" der Wasserader. Ich stellte nun die Suche mit der Rute ein

und begann ins Ätherische tastend die räumliche Verteilung des Wasseräthers zu ermitteln. Ich fand die ätherische Gestalt einer großen Kugel von ca. 50 m Durchmesser, zur Hälfte über und zur Hälfte unter der Erde gelegen. Während meines Aufenthaltes in diesem ätherischen Raum bemerkte ich, dass ich bei meiner Suche nach der Quelle einen Kraftplatz der Elementarwesen gefunden hatte. Ich musste diesen Platz erst mehrmals von Müll befreien.

Neben diesem Platz liegt der Ort, wo die Kleinreuther ihre Kirchweih feiern. Die Qualität der Lebensfreude findet man oft in der Nähe von Zentren der Elementarwesen, die offensichtlich gerne an der Freude der Menschen teilnehmen. Interessant ist in diesem Zusammenhang, dass verschiedene Bebauungsprojekte an dieser Stelle gescheitert und nicht genehmigt worden sind. Elementarwesen sind eben eigenwillig!

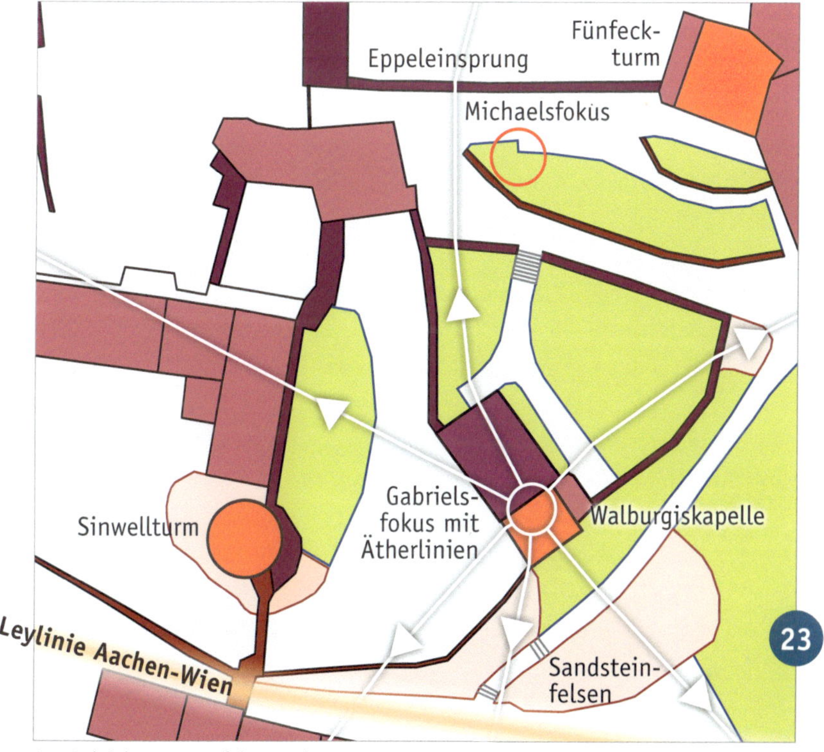

Das Gabrielzentrum auf der Nürnberger Burg

Bei einer dieser wiederholten Aufräumarbeiten stieß ich auf eine Ätherlinie, die offensichtlich in den Platz hineinläuft und ihn mit einer ganz feinen lebendigen Kraft versorgt. Ich folgte dieser Linie wieder gegen ihre Flussrichtung in die Stadt hinein und ermittelte den Ursprung in der Walpurgiskapelle auf der Burg. In der Kapelle selbst fand ich dann direkt vor dem Altarraum einen Einstrahlpunkt mit einer ganz feinen Wässrigkeit, die nicht von unten aus der Erde kommt, sondern quasi aus dem Himmel herab fließt. Auf die meditativ gestellte Frage, welches Wesen hier wirke, bekam ich zur Antwort, dass ein Fokus des Erzengels Gabriel sei.
Die Aufgabe des Erzengels ist es, die Kräfte des Lebendigen zu unterstützen. Dies umfasst nicht nur Menschen, sondern auch Pflanzen und Tiere und deren Aufnahme von ätherischen Vitalkräften. Hauptsächlich ist Gabriel bekannt durch seine Aufgabe als Verkünder der Inkarnation der Christusseele. In Nürnberg ist es Brauch, am 13. Dezember, dem Tag der Lucia, den Lichterzug der Schulen abzuhalten, der am Burgberg unterhalb des Gabrielszentrums endet. Dort findet ein Spiel von der Ankündigung der Christgeburt statt. Der Erzengel ist also während des Spieles parallel zum auftretenden menschlichen Gabriel als reales Geistwesen präsent. Dieses Spiel wurde von sensitiven Menschen, ob bewusst oder unbewusst, an den richtigen Ort gestellt.
In der weiteren Untersuchung fand ich heraus, dass vom Gabrielszentrum nicht nur diejenige Ätherlinie, in die ich hineingeführt wurde, ausfließt, sondern noch fünf weitere mit der gleichen geistig-wässrigen Qualität. Das ganze System hat also ein Zentrum in der Kapelle und sechs Unterzentren.
Die Unterzentren sind von Elementarwesen dicht bevölkert. Einer dieser Plätze, an dem Wasserwesen mit Erdwesen zusammen wirken, liegt neben dem Berufsförderungswerk an der Schleswigerstraße. Hier wurde vor einiger Zeit ein Bebauungsplan erstellt. Zusammen mit anderen Nürnberger Geomanten habe ich dagegen vergeblich Widerspruch eingelegt.
Das gleiche gilt für einen Platz an der Peterskapelle. Jede Neugestaltung wird aus geomantischer Sicht Wirkung auf die feinstofflichen Systeme haben.

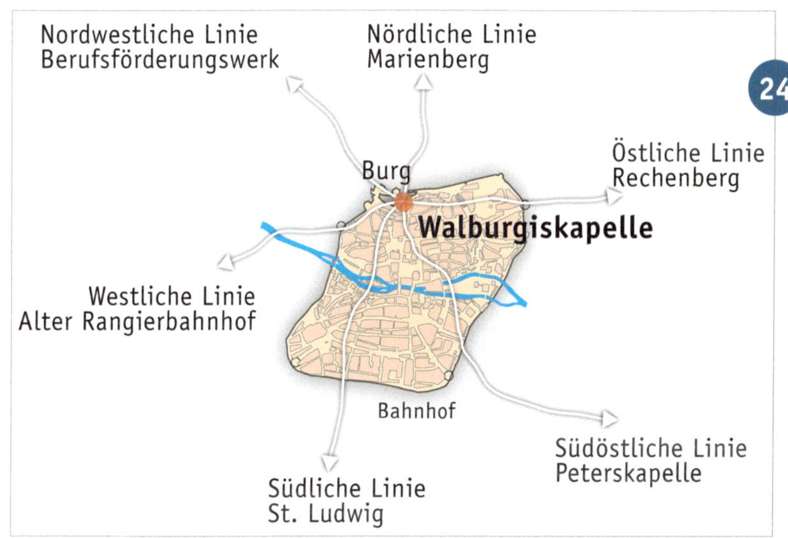

Gabriels Kraftnetz

Die nördliche Linie

Von der Walpurgiskapelle zum Marienberg: Diese Ätherlinie zeigt bei genauerer Untersuchung, dass sich direkt neben der Kapelle eine Art „Übergabestation" befindet. Die herabfließende Kraft wird vom Erzengel Gabriel über näher der Erde verbundene Engel an Elementarwesen weitergeleitet. Dies ist ein anderes Bild für die vorher beschriebene Verdichtung des Geistigen ins Ätherische.

Nach Norden hin, also zum Marienberg, geht die Linie über die Burgmauer durch den Bereich, in welchem nach der Sage der Raubritter Eppelein von Gailingen seiner Hinrichtung durch einen kühnen Sprung mit dem Pferd entkommen sein soll. Unabhängig vom historischen Wahrheitsgehalt geht es hier um die bildliche Darstellung der dort zu verspürenden Ätherkräfte. Eppeleins mutmaßliche Sprungrichtung ist hier nämlich gleich der Fließrichtung der Ätherlinie. Die Linie fließt dann über den Burgberg hinunter in die Krelingstraße. An der Stelle, wo sich die Kirche der Christengemeinschaft und ein anthroposophischer Buchladen gegenüberliegen, bildet die Linie in beide Richtungen Seitenzweige. Sie gehen durch das Portal in die Kirche hinein und auf der anderen Seite in den Buchladen.

Dies ist auch ein Unterscheidungsmerkmal zu den Leylinien: Die Ätherlinien reagieren viel intensiver auf atmosphärische Stimmungen und auf die Menschen, die mit ihrer Energie sympathisch und damit in Resonanz sind. Sie sind dadurch auch viel weniger zielgerichtet als die Leylinien.
Ein weiterer Punkt, der die Qualität der Gabrielskraft zeigt, ist der Koberger Platz. Hier gab es in den Achtziger Jahren eine sehr aktive Bürgerinitiative zur Verkehrsberuhigung und Neugestaltung des Platzes. Diese Initiative ist heute noch aktiv im sozialen Leben des Stadtteils.
Einmal in der Woche findet seit längerer Zeit ein Bauernmarkt statt, wo nur Waren aus biologischer und biologisch-dynamischer Produktion angeboten werden. Dies entspricht einer typischen Funktion des Erzengels Gabriel. Er ist für die Lebendigkeit und das Einfließen des Geistigen in der Ernährung zuständig. Biologische Nahrungsmittel haben bei der Untersuchung auf ihren Gehalt an Biophotonen (40) bekanntlich höhere Werte als konventionelle Produkte. Auch das seit der Neugestaltung des Platzes alljährliche Koberger Platz Fest ist voll sprudelnder Lebensenergie. Es findet immer am ersten Wochenende im Juni statt.
Bemerkenswert ist auch die katholische Kirche St. Martin. Hier läuft die Linie schräg in die Kirche hinein und geht genau durch die Mitte des Turmes. Daraus ergibt sich, dass mit jedem Glockenläuten die geistige Qualität der Kraftlinie mit dem Schall in die Umgebung getragen wird.

Die südöstliche Linie:

Die Linie zur Peterskapelle im Stadtteil St. Peter hat ebenfalls einige Besonderheiten aufzuweisen, an denen sich die Wirksamkeit des Erzengels offenbart. Die erste Stelle, die mir auffiel, ist die Frauenkirche, in der sie zusammen mit einer schönen rechtsdrehenden Wasserader einen Segensraum von beschützender Qualität entfaltet.
Weiter fließt die Kraftader durch das Katharinenkloster und den Bereich des früheren Konservatoriums. Hier drückt sich die Beziehung des Wasseräthers zur Musik sehr klar aus. Musiker lieben Auftritte in der Katharinenruine wegen seiner besonderen Atmosphäre. Diese Linie endet, wie erwähnt, neben der Peterskapelle in einem Elementarwesenbereich.

Die östliche Linie:
In musikalischen Bereich impulsiert die Linie das Jazzstudio am Paniersplatz. In das kleine Gewölbe kommen oft berühmte Künstler, die sonst große Säle füllen, weil sie die besondere Atmosphäre hier lieben. Die Ätherlinie endet im Park auf dem Rechenberg in der Nähe des Denkmals für den freien Denker und Philosophen Ludwig Feuerbach. Hier befindet sich neben einem Zentrum der Wasserwesen auch die Deva der Luftgeister für den Raum Nürnberg *(siehe S. 87)*.

Die nord-westliche Linie:
Über den nordwestlichen Rosengarten auf der Befestigung der Stadtmauer verläuft diese Linie in die Heimerichstraße zum Nürnberger Zweig der Anthroposophischen Gesellschaft als neuem geistigen Zentrum. Hier sieht man einmal mehr das Prinzip der Anziehung durch Sympathie: Die gedachte gerade Verbindung durch die Heimerichstraße liefe am Zweighaus vorbei. Die Linie schwenkt jedoch nach links in das Haus, verläuft durch das Rednerpult im Seminarraum und durchzieht dann die benachbarte Eurythmieschule. Über den Erdungspunkt Nürnbergs am Bielingplatz verläuft sie dann zu einer großen Weide neben dem Berufsförderungswerk. *(siehe S. 75)*

Der Endpunkt der **westlichen Linie** im ehemaligen Rangierbahnhof Gostenhof wurde vom Geomanten Herbert Stahl im Auftrag des Stadtplanungsamtes der Stadt Nürnberg als weiteres Zentrum von Elementarwesen kartiert. Die **südliche Linie** nach St. Ludwig ist bis jetzt noch nicht untersucht.

Das Lebenskraftsystem

Der Begriff *Lebenskraft* diente immer wieder der Bezeichnung und Definition der autarken Quelle alles Geschaffenen: Weibliche und männliche Gottesbilder gehören ebenso dazu wie der Begriff der Entelechie (griechisch: das Ziel in sich selbst haben) bei Aristoteles, oder sehr bildhaft die Sephirot, die zehn Emanationen des En Sof im kabbalistischen Lebensbaum.

Einige bekannte Vertreter dieser Anschauung und deren Benennung:
(*Die Liste der Benennungen ist hier natürlich nicht vollständig.)*

Franz Anton Mesmer	:	Animalischer Magnetismus
Karl von Reichenbach	:	Od
Henri Bergson	:	Élan vital
P. Teilhard de Chardin	:	Radiale Energie
Wilhelm Reich	:	Orgon
Ken Wilber	:	Holon
Ervin Laszlo	:	Akashic field
Rupert Sheldrake	:	Morphogenetisches Feld

In der fernöstlichen Vorstellung von der Lebenskraft wird deren Wirken als *Prana* oder *Qi* bezeichnet. In der Geomantie ist seit den Achtziger Jahren die Lebenskraft ein wichtiges Thema. Vor allem Marko Pogacnik erkannte, dass sich die Lebenskraft, die er als *Vitalenergie* bezeichnet, in Zentren konzentriert und von da aus in die Landschaft fließt. Sie entsteht ständig wieder aus sich selbst, wird immer wieder gereinigt und neu impulsiert. Dazu werden offensichtlich alle vier Elemente in bestimmten Proportionen und in einer speziellen Art von Mischung benötigt. Diese Arbeit wird von den Elementarwesen geleistet. In einem Waldstück, das in Slowenien für einen Straßenneubau geopfert werden sollte, konnte ich zusammen mit Kollegen beobachten, wie Elfen, Nixen und Salamander ihre Ätherkräfte zu einem zentralen Punkt brachten, wo sie von Zwergen spiralig potenziert zu Lebenskraft verdichtet wurden. Von hier aus verteilte sich die Lebenskraft über Kraftlinien in die Landschaft.
Das Zentrum für das Lebenskraftsystem in Nürnberg liegt in der Wöhrder Wiese nahe beim Altstadtring. Als Marko Pogacnik 1997 ein Erdheilungsseminar in Nürnberg hielt, war dies einer der wichtigsten Punkte für seine Arbeit. Durch seine damalige Erdheilungsarbeit geschah die Initialzündung für die weiteren geomantischen Arbeiten in Nürnberg.
Ich selbst arbeite an solchen Punkten immer auf mehreren Ebenen. Eine Methode ist die Betrachtung der inneren Bilder, eine andere die Bestandsaufnahme der ätherischen Manifestation der vorhandenen Kräfte. Für die innere

Wahrnehmung wirkte der Platz zunächst sehr verletzt: Circa fünf Meter unter der Erde sah ich einen Raum wie eine runde Höhle. Die Wände erschienen wie vertrocknetes, verholztes Laub ohne Spannkraft. Die ätherischen Emanationen waren sehr gering, an der Oberfläche war davon kaum etwas zu spüren.

Bei diesem Befund erscheint es mir zunächst unfassbar, dass dies ein Kraftzentrum für die ganze Stadt sein sollte. Doch auch wenn man einem Kranken begegnet, kann man sich zunächst nicht dessen ursprüngliche Kraft vorstellen. Hier aber setzt genau der Heilungsimpuls an. Aus der Ebene der Erzengel wird dann in der geistigen Schau ein Bild vom heilen Urzustand des Ortes übermittelt.

Am südlichen Randbereich neben dem Lebenskraftzentrum liegt in einer Entfernung von ca. 50 Metern der Fokus des Erzengels Raphael. Er vermittelt Heilung aus und zur Wahrhaftigkeit. Siehe auch: Rudolf Steiner: „Das Miterleben des Jahreslaufes in vier kosmischen Imaginationen". (41) Der Heilungsprozess am Lebenskraftzentrum wurde durch Bitten am nahen Raphaelspunkt in gemeinsamen Meditationen wesentlich unterstützt. Mit jeder Heilungsarbeit änderte sich der Zustand des Zentrums. Der Raum unter der Erde begann langsam zu leuchten und mehr und mehr Lebenskraft auszustrahlen. Der ätherische Körper des Kraftplatzes wuchs an und wurde mit einem Radius von etwa acht bis zehn Metern auch an der Oberfläche spürbar. Zusätzlich begannen sich um den Kraftplatz herum Zentren der Elemente Erde, Wasser, Luft und Feuer zu bilden, die von den entsprechenden Elementarwesen besiedelt wurden. Am oberen Ende der so sich bildenden ätherischen Kugel hat ein größeres Luftwesen (als Elfe oder auch als Fee zu bezeichnen) seinen Platz eingenommen, um den Ort zu behüten.

Dieses Zentrum hat, ähnlich wie das Kraftsystem Gabriels, Unterzentren, welche die Lebenskraft weiter in den Stadtraum hinein verteilen.

Offensichtlich werden auch verschiedene dieser Unterzentren feinstofflich von sehr individuellen Wesen gepflegt. So wird zum Beispiel der Lebenskraftpunkt in der Regensburger Straße, etwa in der Nähe der Einmündung der Stephanstraße, hauptsächlich von Zwergen betreut. Die Empfindung hier ist von einer ernsten Geschäftigkeit und hintergründiger Heiterkeit durchzogen.

Hier sei mir eine persönliche Zwischenbemerkung erlaubt:
Die Selbstverständlichkeit, mit der ich Elementarwesen erkenne und bezeichne, mag die Leser erstaunen. Deshalb hier ein paar Worte zu Bild und Wesen des Zwerges, eines altbekannten und oft beschriebenen Urbildes für elementare Kräfte. In seinem verbreiteten Erscheinungsbild als zipfelbemützter Gartenzwerg entspricht er nicht seiner ätherisch wahrnehmbaren Form. Diese kann verschieden sein, zum Beispiel als energetisch erfassbare „kartoffelige" Form, die innerlich pulsiert. Die „Zipfelmütze" ist eigentlich eine Art Antenne, die ein Streben nach Wachstum in eine neue Dimension ausdrückt, vergleichbar mit dem spirituellen Streben des Menschen. In ihrer Wirkungsweise sind die Zwerge wahrnehmbar als Kontrolleure und Lenker der Verdichtung und Entwicklung der Erdmaterie. So sind sie die Bildner der Kristalle und der mineralischen „Schätze".

Zurück zum Lebenskraftsystem:
Der Punkt am Wöhrder See, Nähe Bartholomäusstraße, wird von Elfen gehütet und hat daher hauptsächlich einen die Denktätigkeit anregenden, luftig-beweglichen Charakter. Am bemerkenswertesten aber ist der Mündungspunkt am Weinmarkt, am unteren Ende der von der Albrecht-Dürer-Straße zum Weinmarkt führenden Treppe. Dort ist der aufgestiegene Meister Ling (42), der Meister der Glückseligkeit, tätig. Wir konnten damals bei der Hei-

lungsarbeit einfach nicht ernst bleiben. Immer wieder brach dort erfrischende Heiterkeit aus.
Die Lebenskraftbahnen selbst ziehen unter der Erde dahin und sind zu finden, wenn man den unterirdischen Bereich „anpeilt". Sie sind Ätherlinien, aber eben in einer speziell die Physis belebenden Art.

Lebenskraft und Globalgitternetze

Von allen Unterzentren aus strömt die Lebenskraft frei in die Stadtteile. Eine wichtige Wirkung hierbei ist die Harmonisierung der Globalgitternetze.Aus verschiedenen Beobachtungen schloss ich, dass eine der tieferen Ursachen für die negative Wirkung der Gitternetze die mangelhafte Versorgung mit Lebenskraft sein könnte. Dies habe ich inzwischen zusammen mit andern Rutengängern und Geomanten mehrfach verifiziert. Die erdheilerische Aktivierung von Lebenskräften führt deutlich zur Senkung der Intensität von Gitternetzstrahlungen. So wird Erdheilungsarbeit zu einem echten Beitrag zur Landschaftshygiene.
Die wesentlichen Gitternetze gliedern sich in das erste Gitter, nach dem Arzt und Radiästheten Dr. Hartmann als *Hartmanngitter* und das zweite Gitter, nach dem Arzt Dr. Curry als *Currygitter* benannt. Hierbei handelt es sich nach meiner Erfahrung um Resonanzmuster zwischen Erde und Atmosphäre. Da sie hauptsächlich elektromagnetische Wirkungen im Mikrowellenbereich haben, gehören sie mehr der physischen Sphäre an. Ihre Form ist die einer regelmäßigen Schichtung gerader senkrechter Wände. Bei mittleren bis hohen Intensitäten und in Verbindung mit Wasseradern und Verwerfungen werden sie als pathogen (= krankheitserregend) bezeichnet.
Die *Großgitterzonen* stellen eine Sonderform dieser Gitter dar, die mit höheren Intensitäten in der Regel positiv und anregend auf den Menschen wirken. Bei Kloster- und Stadtgründungen wurden diese Erscheinungen häufig gesucht und als Grundlage für die harmonische Resonanz der Bauten verwendet. Bekannt ist dies vor allem aus der römisch – etruskischen und der zisterziensischen Tradition.

Die Verteilung der Lebenskraft im Stadtraum über die Lebenskraftlinien lässt sich analog zum menschlichen Blutkreislauf mit der Funktion der Adern vergleichen. Der Übergang des Liniensystems in flächig-raumfüllende Verteilung entspräche dem Übergang der im Blut enthaltenen Elektronenpotenziale von den Haargefäßen in das Bindegewebe.
Der genannte Beitrag zur Erdheilung liegt in der Initiative und Verantwortung der Bewohner oder Anlieger. Über die Jahre hinweg habe ich bei meiner Arbeit auch einen Anstieg solcher sozial verantwortlicher Tätigkeiten beobachten können.

Lebenskraft – Auferstehungskraft

Wir sahen, dass beide Systeme – Gabriel und das Lebenskraftsystem – das Lebendige unterstützen und impulsieren.
Beim Lebenskraftzentrum ist meine Wahrnehmung mit dem dritten Chakra ein grünes Leuchten von unten aus der Erde. Diese leuchtende Lebenskraft ist erdgebunden und wird von der Erde zur Stabilisierung der Lebenssphäre zur Verfügung gestellt. An Lebenskraftplätzen herrschen Heiterkeit und friedliches soziales Miteinander wie bei Festen oder Tanzveranstaltungen.
Als ein Beispiel von Gabriels Wirkkraft hatte ich auf Seite 74 geschildert, wie von oben herab eine ganz feine Wässrigkeit fließt. Das Wahrnehmungsorgan für die gabrielische Energie liegt etwa einen Meter über dem Kopf. Man nennt dieses feinstoffliche Organ auch achtes Chakra oder Himmelsstern. Die belebende Kraft, die vom Erzengel Gabriel ausgeht, weist in die Zukunft. Rudolf Steiner nennt sie *Auferstehungskraft* und bringt sie in geistigen Zusammenhang mit den Erscheinungen Christi zwischen Ostern und Pfingsten. Der meditative Kontakt mit dem ätherischen Christus hat in den letzten Jahren mehr und mehr Öffentlichkeit erfahren: Dies deckt sich mit meinen Beobachtungen des deutlicheren und häufigeren Auftretens dieser Ätherart. Die Erscheinungen sind von stark leuchtendem Weiß mit glänzenden Kristallen, die an sonnendurchglänzten Schnee erinnern. Diese Orte sind sakral und spirituell, zum Beispiel nutzen Kirchen (speziell Marienkirchen) oder

Meditationszentren häufig diese Kraft. Die beiden Energiesysteme stehen in etwa für Sinngebung und Nährkraft und ergänzen sich in ihren komplementären Wirkungen.

Blockaden der Lebenskraft

Als wesentliche Blockade der Lebenskraft hat sich von jeher die Leibfeindlichkeit ausgewirkt. Durch die Überbetonung des Geistigen gelangte der Fokus der feinstofflichen Entwicklung des Menschen einseitig in höhere Energieebenen. Die den unteren Chakren zugehörigen Fortpflanzungsorgane wurden als Quelle von Sünde, Verführung und Schuld verachtet und deshalb zwanghafter Askese unterworfen. Die nachhaltige Wirkung eines solcherart immer wieder erzeugten schlechten Gewissens schwächt das Selbstwertgefühl und die damit verbundene Wahrnehmung des göttlichen Lebendigen über das Sonnengeflecht. Heute macht es sich langsam wieder als das Bauchgefühl bemerkbar.

Wie innen, so außen – die Quellen der Lebenskraft in der Natur wurden als Bedrohung angesehen und konsequent diffamiert oder gar zerstört. Dies ging so weit, dass es bei Strafe verboten war, „heidnisch Bäume oder Steine anzubeten". Diese Grundeinstellung führte dazu, dass Elementarwesen aus dem Blick gerieten und Bäume, die eigentlich liebend sich verströmende Wesen sind, zu bloßen Holzlieferanten wurden. So begann im zweiten Jahrtausend, zuerst noch kaum wahrnehmbar, dann aber immer folgenreicher, die Zerstörung der Natur in Mitteleuropa.

Nach weiteren tausend Jahren hat sich die Zerstörung der Lebenssphäre zum Beispiel in Deutschland so gesteigert, dass noch im Jahr 2002 ca. 97 % der landwirtschaftlichen Flächen regelmäßig mit lebenshemmenden Mitteln (Pestizide, mineralische Düngemittel und gentechnisch veränderte Organismen) vergiftet wurden. Durch die wachsende Produktion im Bioanbau und die gleichzeitig steigende Nachfrage beim Verbraucher reduzierte sich die konventionell bewirtschaftete Fläche bis 2012 auf ca. 94%. Ein Landwirt mit einer verfeinerten Wahrnehmung und wieder aktiviertem Sonnenge-

flecht kann Biozide nicht ohne organisches Entsetzen berühren. Ich gehe davon aus, dass der Mensch und die von ihm bewohnte Landschaft in Resonanz stehen. Sendet er ständig lebensfeindliche Signale, zieht sich die Lebenskraft aus der Landschaft zurück. Der Mensch wird in der Folge anfälliger für Krankheiten. Das soziale System wird insgesamt destabilisiert und in vielen Bereichen der Gesellschaft treten Blockaden auf. Das zeigt sich auch im Bereich der baulichen Entwicklung von Städten und Gemeinden, wo nur noch selten im Einklang mit der Landschaft gebaut wird.
Eine weitere tiefgehende Störung der Lebenskraft geht von negativer Magie aus, die auch heute noch ausgeübt wird. Dabei handelt es sich um die Ausrichtung geistiger Kräfte zu egoistischen Zwecken. Wie ein angezapfter Baum „blutet" dabei die Umgebung aus.
Das feinstoffliche Hauptorgan, mit dem man in diesem Sinne magisch handelt, ist das sechste Chakra, auch Stirnchakra oder „Drittes Auge" genannt. In den alten vorchristlichen Mysterienschulen war der Umgang mit den magischen Kräften verantwortungsvoll organisiert. Es gab bei den hellsichtigen Menschen eine Aufgabenteilung: Seher, Weise und Magier arbeiteten jeweils nur in ihrem eigenen Spezialgebiet, wobei sie sich, so Rudolf Steiner, gegenseitig ethisch ergänzten und auch kontrollierten (43).
Der Magier kann die Entwicklungen der Wirklichkeit formen. Die Motive hierfür dürfen keinesfalls aus egoistischem Antrieb stammen, sondern sollen der Ganzheit der Welt dienen. Je mehr und je effektiver aber eigenwillige oder egoistische Ziele angestrebt werden, desto mehr Vitalenergie wird dabei verbraucht, die dann von Menschen oder auch aus der Lebenskraftsphäre der Landschaft durch Manipulation abgezogen werden muss.
Solcher „Diebstahl" kann dazu führen, dass das Lebenskraftniveau in einer Gegend dauerhaft sinkt. Gleichzeitig entsteht eine emotionale Aura von Bedrohung und Angst. Kraftquellen in der Landschaft können so auch komplett versiegelt und umgelenkt werden, so dass alle Energie in eine ungute, entgegengesetzte Richtung fließt.

Eine Bemerkung zur tiefen Verletzung Nürnbergs zur Zeit des Nationalsozialismus: Die führenden Köpfe des Regimes hatten magisches Wissen im Luitpoldhain und an der „Großen Straße" beim Reichsparteitagsgelände ausgenutzt und die Kraft dieser Plätze für ihre Zwecke missbraucht. Im Jahr 1997 erbrachten die Untersuchungen einer geomantischen Arbeitsgruppe nach den eingangs beschriebenen Methoden folgende Ergebnisse: Im Luitpoldhain, etwa in der Mittelachse der Ehrenhalle, circa fünfzehn Meter vor der Säulenhalle, wurde ein plutonischer Einstrahlpunkt für die Zeremonie der „Fahnenweihe" bei den ersten Reichsparteitagen benutzt. Das später angelegte Reichsparteitagsgelände wurde auf einen bestimmten Punkt ausgerichtet: Der erhöhte Platz der Rednertribüne wirkt nicht nur psychologisch faszinierend, sondern die starke Einstrahlung über das Halschakra verhilft hier dem Redner auch zu besonderer Überzeugungskraft. Als weiteren energetischen Faktor richtete man die „Große Straße" punktgenau auf die königliche Kraft der Doppelkapelle aus. Die Grundqualität dieser Orte besteht noch, die Ausrichtung auf die damalige Ideologie konnte unter anderem durch die Nürnberger Geomantiegruppe beseitigt werden.

Im Gegensatz zum höchst lebendigen Bewusstsein für materielle Eigentumsverletzungen hat sich für den Tatbestand feinstofflicher Beraubung leider noch kein Rechtsbewusstsein entwickelt.

Weitere Engelssysteme

Wie schon angesprochen, nehmen die Erzengel immer auf Menschengruppen Bezug und Einfluss. In Nürnberg finden wir mehrere Plätze, die, ähnlich dem Kraftsystem Gabriels, die Qualitäten anderer Erzengel zu den Menschen leiten. Zunächst die

Michaelische Energie

Ihr Fokus, das heißt der Punkt der intensivsten Einstrahlung liegt etwa 20 m nördlich des Gabrielspunktes, gleich neben der Stelle, an der im Mittelalter ein Richtplatz war *(Abb. siehe S. 73 · Eppeleinsprung siehe S. 75)*. Während ein gabrielisches Kennzeichen das von oben herab fließende ganz feine ätherische Wasser war, ist bei Michael deutlich der Feueräther spürbar. Dementsprechend befinden sich viele Feuerelementarwesen (auch Salamander genannt) an diesem Punkt. Verschiedene esoterische Traditionen ordnen

Michael dem Erdelement zu. Die ebenso zu findende Zuordnung zum Element Feuer dagegen kann ich aus eigener Schau besser nachvollziehen (44). Die geistige Qualität Michaels ist ist für unsere Zeit enorm wichtig. Dies sei im Folgenden näher erläutert *(siehe S. 19)*.

Unser Erdenleben wird durch unser Bewusstsein von uns selbst, dem Ich, gesteuert. Ist das Ich abgelenkt von seiner eigentlichen Lebensaufgabe, die Seele durch ihre Lernprozesse zu der ihr eigenen Kraft zu führen, dann ist es wie gesagt zum kleinen Ego geworden. Es unterliegt den Irrtümern und Bequemlichkeiten der Welt und verstrickt sich durch Selbsttäuschung immer mehr in leidvolle Erfahrungen aus Illusion und Rückschritt. Wenn wir in die Herzmeditation gehen, verflüchtigt sich nach einiger Zeit die Welt mit ihren Initialbildern. Die Seele tut sich auf als der unveränderliche Kern des Individuums, des „göttlichen Einhauchs". Durch sie sind wir verbunden mit der Urquelle, die in den verschiedenen Religionen so verschieden benannt wird. Hier wirkt Michael. Er weist uns auf unsere eigentlichen Aufgaben hin. Nehmen wir uns eine Sache „zu Herzen", so erkennen wir das Thema, ob es uns gefällt oder nicht. Um das kleine Ego in Zaum nehmen zu können, ist eine Schulung der Willenskräfte erforderlich und hilfreich. Rudolf Steiner gab dazu die sogenannten „Nebenübungen" (45), die an alltäglichen Dingen die Willenskraft wecken.

Wurden erste Erfahrungen mit der Kopplung der Willenskräfte an die eigentliche Aufgabe der Seele an der Welt gemacht, so fließen uns von Michael her Kraft und Mut zu, wenn wir uns in sein blaues Licht stellen. Der Erzengel hat uns zunächst die Richtung gewiesen. Er bestärkt und schützt uns dann auch. Mit einiger Übung nimmt die Kraft unsere Seele zu. Sie entwickelt ihren eigenen Sinn für die Lebenswelt und verwirklicht sich mehr und mehr. Hier zeigt sich eine weitere Qualität Michaels: Er leitet zum klaren *Unterscheiden der Geister* an, damit wir nicht auf falsche Fährten hereinfallen.

Ähnlich wie beim Gabrielsfokus besteht auch am Nürnberger Michaelsfokus ein zentraler Punkt, von dem aus sich ätherische Linien in die Stadt hinein verbreiten. Seitdem dieser Punkt durch die Nürnberger Geomantiegruppe bekannt gemacht wurde, finden sich dort immer wieder Kerzenreste, Räucherstäbchen, Blumen und Edelsteine. Nach dem Anschlag auf das World Trade Center in New York traf sich die Nürnberger Geomantiegruppe dort eine Woche lang zur abendlichen Meditation. Michael vermittelte an diesem Ort Klarheit und Schutz gegen die von allen Seiten heranflutende Angst.

Raphaelische Energie

Sein Fokus befindet sich wie auf Seite 90 besprochen am südlichen Rand der Wöhrder Wiese. Bis vor wenigen Jahren beugte sich schützend ein auffallend schräg gewachsener Kirschbaum über diesen Platz. Er wurde inzwischen gefällt, da man ihn als bruchgefährdet ansah. Der Fokus wanderte daraufhin ein Stück nach Westen, näher zum Lebenskraftzentrum.
Hält man sich am Raphaelsfokus länger auf, so fühlt man, dass sich der Äther des Elementes Luft *(siehe S. 27)* hier wie eine Doppelspirale aufsteigend nach innen und absteigend wieder nach außen bewegt. Hoch über dem Platz auf der Höhe der Baumkronen liegt der eigentliche Engelsfokus in raphaelischem Grün. Am Michaelsfokus dagegen ist die Engelskraft *säulenförmig* bis zum Boden spürbar, am Gabrielsfokus hingegen *raumfüllend*.
Dem Menschen stehen Raphaels Heilkräfte nicht nur für sich selbst, sondern für Natur und Gesellschaft zur Verfügung, um die vielfältigen Schäden, die unsere Kultur der Erde zugefügt hat, zu heilen. Dies kann zum Beispiel geschehen durch Zubereitung pflanzlich-energetischer Heilmittel oder in der Erdheilungsarbeit, deren Kräfte äußerst wirksam im ätherischen und astralen Bereich sind.
Die Heilungskräfte Raphaels sind in ganz besonderer Weise mit dem Prinzip der Wahrheit verbunden. Wir wissen heute: Viele Erkrankungen haben eine Ursache in Lebenslügen, Selbstbetrug oder Verdrängung. Dazu treten irreführende gesellschaftliche Vorbilder und Werte.In der leichtfertigen Nachahmung falscher, bisweilen sogar dämonischer Vorbilder stülpen wir kritiklos dem eigenen Ich ein fremdes, mehr oder weniger aufgezwungenes Vor - Bild über. Die Heilungskräfte Raphaels korrigieren vor allem diese falschen und pathogenen Bilder durch die Erfahrung der eigenen reinen Wahrheit und durch das Empfinden der Schönheit in dieser Wahrheit. Dies ist an einem solchen Kraftplatz besonders gut möglich.
Die Energie aus dem Zentrum Raphaels fließt über Ätherlinien in die Stadt hinein. Besonders erwähnenswert ist der Endpunkt der Linie zum Rechen-

berg. Der Ort wurde schon in Zusammenhang mit der Gabrielskraft beschrieben. Raphael versorgt dort ein Elementarwesenzentrum mit einem besonders hoch entwickelten Luftwesen, einer Deva, einer den Elfen, Feen oder Sylphen „vorgesetzten" Feenkönigin. So steuert sie vom Rechenberg aus energetisch den gesamten Luftraum und das Wettergeschehen über dem Großraum Nürnberg – Fürth.

Die Energie des Erzengels Metatron

Oft wird er als „Engelsfürst" oder „König der Engel" bezeichnet. Er ist der Engel des Anfangs und des Endes, die Geburt des Lichts aus der göttlichen Leere, aus der Einheit. Hinter ihm liegt der Raum, in dem alle Möglichkeiten enthalten sind. Er ist ein perfekter Ratgeber an den Entscheidungspunkten des Lebens und gibt uns Hinweise auf die förderliche Richtung.
Als Engel der Wahrheit und der Transformation durch Liebe habe ich ihn in meiner Arbeit als großen Helfer erfahren. Er unterstützt, was sich im Entstehen befindet und hilft bei der Materialisierung von Potentialen. Er lässt Visionen klarer erkennen. Durch seinen Beistand kann er uns aus der Orientierungslosigkeit führen. Er erleichtert Trennungen durch die Erkenntnis, dass wir mit allem verbunden sind.
Seine Energie ist sehr fein, sanft, klärend. Sie ist reine allumfassende Liebe. Seine Macht ist der des Erzengels Michael in etwa gleichzusetzen und doch ist seine Energie von ganz anderer Art. Zu spüren ist seine Energie vorwiegend im Herzchakra oder fünften Chakra. Metatron unterstützt auf der Nürnberger Burg die Einstrahlungskraft Jupiters. Von der Doppelkapelle aus spannt er ein energetisches Netz, das bis zu sechzig Kilometer in die umgebende Landschaft hinausreicht (46).

3. DIE EINSTRAHLPUNKTE DER PLANETENKRÄFTE

Jupiter

Der größte Planet in unserem bekannten Sonnensystem wird manchmal auch als zweite Sonne bezeichnet. Die Wirkung seiner Sphäre hat unter anderem nährende und kraftspendende Qualität. In der wissenschaftlichen Astrologie wird er deshalb oft als der große Glücksbringer bezeichnet. Menschen mit einem starken Jupiterimpuls haben Fülle. Ihre Entscheidungsfreiheit liegt im Umgang mit dieser Fülle. Sie kann sich in körperlicher Leibesfülle oder Reichtum äußern, in hoher gesellschaftlicher Bedeutung und Akzeptanz, auf geistiger Ebene als Zuwachs an Erkenntnissen, die sich zu Einsicht und Weisheit verdichten. Johann Wolfgang von Goethe ist ein Beispiel für eine solche Jupiterpersönlichkeit. Bei den Pflanzen zeigt sich die Jupiterkraft in der Frucht, wie zum Beispiel beim Kürbis.

Wie auf Seite 47 beschrieben, kann auch die negative Seite der Wachstumskräfte zur Wirkung kommen. Sie bildet dann zu wenig Struktur aus und neigt dazu, ungegliedert auszuufern. Dazu gehören zum Beispiel plötzlich massenhaft auftretende und schnell wieder verschwindende Phänomene.

Diese Jupiterkraft hat sich in Nürnberg in der Doppelkapelle auf der Burg manifestiert. Dort wirkt sie mit den Heilkräften Raphaels und dem kosmischen Impuls von Metatron zusammen in die Stadt und die umgebende Landschaft hinein. Von allen Einfluss nehmenden Qualitäten, die in und über Nürnberg wirken, stellt der Einstrahlpunkt des Jupiter in der Doppelkapelle meiner Meinung nach die Wesentlichste dar. Wie im Kapitel über die Leylinien schon beschrieben, wurde dieser Punkt mit dem Bau der Doppelkapelle manifestiert und energetisch gehalten. Versuchen Sie selbst einmal, im Rahmen einer Burgführung die Kraft dieser Einstrahlung zu erspüren: Sie macht sich möglicherweise in einem Gefühl von innerer Weite bemerkbar.

Mars und Uranus

Jupiter als Zentralkraft wird ergänzt durch die Einstrahlpunkte von Mars und Uranus. Sie befinden sich beide im Bereich der Stadtmauer.

Die Marsenergie hat sich zwischen Bahnhof und Opernhaus manifestiert. Eine Linde, die dort gepflanzt war, konnte die Energien nicht verkraften. Inzwischen steht dort eine Eiche, die dem Mars energetisch verwandt ist. Der Punkt hat Marsqualität, die aber nicht vordergründig kriegerisch ist, denn

sie ist nicht, wie vielleicht erwartet, mit heftiger Energie zu spüren, sondern ganz fein und fühlsam, doch trotzdem kraftvoll.
Heute geht es mehr darum, dass körperliche Kräfte äußerlich zurückgenommen werden und zur Erlangung des inneren Gleichgewichts eingesetzt werden. Durch die achtsame Kontrolle, die der Krieger so über seelische Prozesse gewinnt, ergibt sich für die tatkräftig nach außen gerichtete Marsenergie ein Zugewinn an empathischen Kräften. Er verzichtet auf kurzfristige Erfolge und versucht mit dem zu erreichenden Ziel in Resonanz zu gehen, d.h. Herzkraft aufzunehmen und zu potenzieren (Sanfte Revolution).
Der Einstrahlpunkt für den uranischen Impuls liegt stadtauswärts neben dem Laufer Torturm am Rathenauplatz. Uranus ist der erste Planet, dessen Einfluss von individueller zu überindividueller Wirkung führt. Durch seine Qualität kann man wegweisende Gedankenformen oder *Gedankenwesen* wahrnehmen, die zunächst noch lebendig, d.h. wesenhaft sind. In einem zweiten Schritt werden diese Formen von unserem bewussten Denken her-

Planetenpunkte

abgedämpft zu leblosen Gedanken, die wir unserem Gedächtnis als Begriffe und Erfahrungen eingliedern können. Uranus befreit und ermöglicht zukünftige Perspektiven.

Der Ort hat durch seine uranische Natur etwas ganz Quirliges an sich. Nimmt man mit der dortigen Qualität Kontakt auf, so muss man sich (am besten vorher und nachher) bewusst über die Fußsohlen mit der Erde verbinden, damit der eigene Ätherleib sich nicht nach oben hin verschiebt und man „abhebt". Die einströmende Energie kommt über das Kronenchakra.

Der Effekt ist eine starke Anregung von neuen Ideen und handwerklichen Techniken, technischen Erfindungen, aber auch wissenschaftlichen oder künstlerischen Impulsen. Da die Zentren von Mars und Uranus beide im Verlauf der Stadtmauer liegen, verbinden sie sich über das energetische Band der Stadtmauer mit dem zentralen Impuls durch Jupiter auf der Burg.

Dies bekannt zu machen ist wichtig, denn es ist Aufgabe der Geomantie die Kraftfelder einer Stadt, ihre Lage, ihre Verknüpfungen und ihre Wirkung ins Bewusstsein der Bevölkerung zu bringen. Nürnberg ist reich an diesen Phänomenen, die positiv oder negativ wirken können, aber immer Gewicht haben. Umso wichtiger ist der verantwortungsvolle Umgang damit, insbesondere von Seiten der Stadt und ihrer Baumeister, aber auch von jedem Einzelnen, dessen Impuls das Bewusstsein der Stadt ja mit bildet.

Saturn

Der Fokus der Saturnkräfte liegt im Kontumazgarten am Pegnitzufer gegenüber der Hallerwiese im Bereich einer großen alten Blutbuche. Die saturnische Aufgabe ist es, die überbordenden Wachstumskräfte Jupiters zu strukturieren. Saturn, der leider zu oft als Unglücksbringer gesehen wird, schafft Dauer und Nachhaltigkeit. Dass man sich von manchen Werten, Menschen oder Ideen trennen muss, eröffnet neue Freiheitsgrade. Saturn bringt kraftlos gewordene Prozesse und Verhältnisse zum notwendigen Abschluss. Er stärkt die Ichkräfte und sorgt so für die nötige Stabilität der Person, die geistigen und seelischen Ballast abgeworfen hat. Die dabei durch Saturn

erfahrene Stärkung der Ichkräfte ist unabdingbare Voraussetzung für das weitere Bewusstwerden in der geistigen Welt.
Ich habe mit verschiedenen Gruppen den Platz am Kontumazgarten meditativ kontaktiert. Die große innere Ruhe dort führt in einen Raum der Transformation. Man kann dort gut zum Wesentlichen kommen und Unwichtiges loslassen. Leicht fällt hier auch der Kontakt zum aufgestiegenen Meister St. Germain. Er ist mit den Kräften des violetten Strahles verbunden, die über den Wandel von Blockaden Menschen zu größerer Freiheit führen.
Wir sahen, dass am Eintritt der Pegnitz in die Altstadt bei der Wöhrder Wiese *(siehe S. 80)* das Zentrum der Lebenskraft liegt. Wie ein Gegenpol befindet sich der Saturnpunkt am Austritt der Pegnitz.

Resumeé und Ausblick auf künftige Aufgaben

Die Gesamtheit aller geomantischen Impulse (Leylinien, Kraftzentren der Engel und planetare Einstrahlpunkte) prägt den Charakter einer Stadt. Je mehr das Zusammenwirken all dieser Kräfte durch unsere geistige Zuwendung gepflegt wird, umso klarer wird das spirituelle Bild. Die neue geschichtliche Rolle Nürnbergs, die für mich ganz klar im Setzen menschenrechtlich orientierter Impulse besteht, bekommt auf diese Weise Bewusstsein und damit größere Durchschlagskraft.
Wenn man sich auf im zweiten Teil beschriebene Methodik *(siehe S. 24)* einlässt und nicht beim gängigen Vorurteil gegenüber der Geomantie als „unwissenschaftliche“ Disziplin stehen bleibt, kann man die beschriebenen Fakten mit einiger Übung nachvollziehen. Natürlich werden die Wahrnehmungen und Erfahrungen in gewissem Rahmen individuell variieren.
Es ist mir wichtig, in diesem Buch zu zeigen, dass bis ins frühe 16. Jahrhundert die Beziehungen zwischen Baustandort, Bauweise und den Ortsenergien wahrgenommen wurden, indem man immer wieder versucht hat, im Einklang mit den Energien zu handeln. Der Sinn für diesen „überrationalen“ Bereich ging in den folgenden Jahrhunderten zugunsten der durchaus notwendigen Entwicklung rationaler Fähigkeiten langsam zurück.

Heute haben wir zusätzlich klar beschriebene Methoden feinfühliger Ortswahrnehmung und können uns aufs Neue in die Resonanz mit der Landschaft einüben. Durch den pfleglichen Umgang mit den energetischen Kräften der Natur erschaffen wir nicht nur *in uns* ein höheres Potenzial an Bewusstheit und Gefühl für die Landschaft, sondern stärken gleichzeitig deren Bewusstsein *für sich selbst*.

Ich wünsche mir, dass in diesem Sinn verstandene Geomantie wertgeschätzter und selbstverständlicher Bestandteil aller wesentlichen Entwicklungs- und Entscheidungsprozesse in den Städten, Gemeinden und der freien Landschaft wird. Die Zukunft stelle ich mir so vor, dass wir viel mehr und ganz praxisbezogen mit den geliebten Elementarwesen zusammenarbeiten.

Der energetische Zustand der Erde beruht auf immerwährender Wandlung, die momentan eine unglaubliche Beschleunigung erfährt. Aus diesem Prozess, der teilweise die Qualität eines absoluten Umbruches aller bestehenden Werte hat, erwachsen natürlich auch Ängste, Unsicherheiten und Fehlschläge.

Mit geomantischer Arbeit, die im beschriebenen Sinn bewusstseinsbildend und stärkend wirkt, können wir die fehlgeleitete Kraft dieser Ängste in einen schöpferischen Dialog verwandeln. Dann sind Mensch und Erde füreinander da. Welche Zukunft wollen wir ? Die Welt lässt sich ändern.

Beginnen wir damit !

Das Buch soll kein abgeschlossener Prozess sein. Ich freue mich auf Ihre Fragen und Anregungen und bin gespannt auf Ihre Kritik.

Wolfgang Körner
im März 2013

Sie erreichen mich unter:
wolfgang.koerner@norisgeo.de

Danksagung

Ich verdanke mein heutiges Potenzial sehr vielen Menschen. Stellvertretend nenne ich hier meine Eltern und Großeltern, ja meine gesamte Ahnenreihe.

Meine geistigen Begleiter und Lehrer waren:
Pfarrer Gottfried Naether, Paula Grandy, Roshi Tetsuro Nagaya und Albrecht Amberg.

Beim Einstieg in die Geomantie waren für mich Marko Pogacnik, Hans-Jörg Müller, Eike Hensch und Stefan Brönnle bedeutsam.

Die vielen Jahre der Zusammenarbeit mit der Stadtheilungsgruppe Nürnberg halfen, meine Spiritualität zu erweitern und abzurunden. Hier nenne ich vor allem die inzwischen schon vorausgegangenen Willy Herrmann, Albrecht Sauer und Konrad Duffner.

Dank auch an Rolf Krahmer, dem ich meine heutige Verbindung zur Welt der Aufgestiegenen Meister und der Engel verdanke.

Aus den geistigen Räumen waren es vor allem die geliebten Erzengel Gabriel und Michael, die mir Wege öffneten, Einsichten schenkten und mich beschützten.

Überhaupt wäre das Buch nicht in dieser Form entstanden ohne das geduldige und treffsichere Lektorat von Barbara Bredow und die Gestaltungsideen von Jürgen Baron.

Verwendete Literatur *(Internetadressen unter Vorbehalt)*:

1 Potsdamer Manifest, http://vdw-ev.de/manifest/

2 Hans-Peter Dürr,
http://de.wikipedia.org/wiki/Hans-Peter_D%C3%BCrr

3 Marko Pogacnik, http://de.wikipedia.org/wiki/Marko_Pogacnik

4 Reiner Gebbensleben, Der sechste Sinn und seine Phänomene,
Books on Demand, Norderstedt, 2010, ISBN 978-3-8423-0086-6

5 C.G.Jung, Gesammelte Werke I-XX, Broschur:
Die Archetypen und das kollektive Unbewusste:
Gesammelte Werke IX/I, Patmos Verlag
http://de.wikipedia.org/wiki/C._G._Jung

6 Bertelsmann Stiftung, TSN Emnid,
http://de.statista.com/statistik/daten/studie/5416/
umfrage/glauben-an-ein-leben-nach-dem-tod/

7 Karlfried Graf Dürckheim, Vom doppelten Ursprung des Menschen,
Johanna Nordländer Verlag, Rütte 2009,
ISBN 3-937845-25-8

8 Helena Petrovna Blavatsky, Die Geheimlehre,
ISBN : 392484951X

9 Die Meister der Weisheit sprechen, Copyright by Ascendent Master ....
Teaching Foundation, 1996

10 Rudolf Steiner, Themen aus dem Gesamtwerk 17:
Vom Wirken der Engel, 1991 Verlag Freies Geistesleben, Stuttgart,
ISBN: 3-7725-0087-0, Seite 39

11 Ana Pogacnik, Die Erde liebt uns, 2012, Verlag Neue Erde, ISBN: 978-3-89060-608-8

12 Hans-Dieter Leuenberger, Engelmächte, Bauer Verlag Freiburg im Breisgau, ISBN 3762604304

13 Silvia Wallimann, Mit Engeln beten, Bauer Verlag Freiburg im Breisgau, ISBN 978-3762605423

14 Studie der Identity Foundation über Spiritualtität in Deutschland, http://identity-foundation.de/images/stories/downloads/PM_Lang_Studie_Spiritualitaet.pdf

15 Die Brücke zur Freiheit e.V., Meditationen und Anrufungen, 1984

16 Reinhard Schneider, http://www.argo2012.de/component/content/article/9

17 Lecherleitung, Taschenbuch der Physik, Hammer – Hammer, J.Lindauer Verlag München, 1968, ISBN 3-87488-094-X, 4. Auflage, Seite 86 und http://de.wikipedia.org/wiki/Lecher-Leitung

18 Eike G. Hensch, Geomantisch Planen, Bauen und Wohnen, Edition Hensch im Drachenverlag, 2007, ISBN 978-3-927369-30-6

19 Gesellschaft für Bildekräfteforschung, http://www.gesellschaft-fuer-bildekraefteforschung.de

20 Maria Thun, Gärtnern nach dem Mond mit Maria Thun, Kosmos Verlag, ISBN-13: 9783440121931 http://wiki.astro.com/astrowiki/de/Maria_Thun

21 Stephan Schmidt, http://www.gutdickenrueck.de/Home.1.0.html

22 Alfred Watkins, The Old Straight Track, ISBN 0-349-13707-2

23 http://www.earth-keeper.com/german08_09.htm

24 Oswald Tränkenschuh, Begleiter zu den alten Kraftorten am Beispiel der Haßberge, ISBN 3-980-1354-4-6

25 Marko Pogacnik, Erfahrungsbericht Landschaftstempel Europa, erschienen in Hagia Chora 4/1999

26 Franz Bauer, Helden, Gespenster und Schalknarren, J. Lindauer Verlag, München 1954, Der Feurige, S. 33 ff.

27 Wie 26, Der versunkene Hof, S. 191 ff.

28 Sage von der Kapelle in Beerbach, http://www.offene-kirchen-bayern.de/st.egidien-beerbach

29 Otto Barthel, Nürnberg – Ein heimatgeschichtliches Lesebuch, Fränkische Verlagsanstalt, Nürnberg 1955, Die Kunigundenlinde im Burghof, S. 22

30 Harald Maihold, Da dachte ich die Welt ginge unter. Seminar zur Geschichte der Hexenprozesse, Dokument Nr. K27477 aus den Wissensarchiven der GRIN-Verlagsgesellschaft, http://grin.com

31 Edith Dörre, Das Edelsteinfundament, Novalisverlag Schaffhausen 2007, ISBN 978-3-907160-66-4

32 Das Wilde der Pflanzen und das Edle der Steine, Brigitte Addington und Waltraud Brix, Eigenverlag, zu bestellen bei: www.sonnetra.com und www.imkraftquell.de

33 Theodor Aufsberg, Nürnberger Sagen, der Jugend Nürnbergs neu erzählt, Verlag der Korn'schen Buchhandlung, Nürnberg, S 3 ff

34 Arno Borst, Die Sebaldslegenden in der mittelalterlichen Geschichte Nürnbergs. In: Jahrbuch für fränkische Landesforschung 26, 1966, S. 19-178

35 Frank Matthias Kammel, Verborgene Schönheit.
Spätgotische Schätze aus der Klarakirche in Nürnberg. Katalog zur Ausstellung im Germanischen Nationalmuseum. Nürnberg 2007, ISBN 978-3-936688-26-9.

36 Jens Möller, Geomantie in Mitteleuropa, Kraftlinien und Energiezentren in Süddeutschland, Aurum Verlag, ISBN 3-591-08272-4

37 Franken, Land, Volk, Geschichte und Wirtschaft, Band 2, Hrsg. Conrad Scherzer, Verlag Nürnberger Presse, Nürnberg 1959

38 HeartMath Institut, Forschungsberichte, ISBN 978-3-932098-61, 1. Auflage

39 Johannes Becker, Fibonacci und der goldene Schnitt, http://www.uni-giessen.de/~g013/goldfibo/goldfibo.pdf

40 Marko Bischof, Biophotonen, Verlag 2001, ISBN 9783937238173

41 Rudolf Steiner, Das Miterleben des Jahreslaufes in vier kosmischen Imaginationen, Rudolf Steiner Verlag, Dornach 1969, GA 229

42 Jeanne Ruland, Die Gegenwart der Meister, Schirmer Verlag, ISBN 978-3-89767-075-4

43 Rudolf Steiner, Mythen und Sagen, Okkulte Zeichen und Symbole, Rudolf Steiner Verlag, Dornach 1992, S. 117 ff

44 Heinrich Elijah Benedikt, Die Kabbala – der jüdisch-christliche Einweihungsweg, Ansata Verlag, 2003, ISBN 3-7787-7260-3

45 Rudolf Steiner, Die Nebenübungen, sechs Schritte zur Selbsterziehung, Ausgewählt und herausgegeben von Ates Baydur, 2007, Rudolf Steiner Verlag, Dornach

46 Webseite der Nürnberger Geomantiegruppe, *www.norisgeo.de* enthält weiteres Kartenmaterial zu Metatrons Energienetz

Bildverzeichnis:

Bildanhänge:

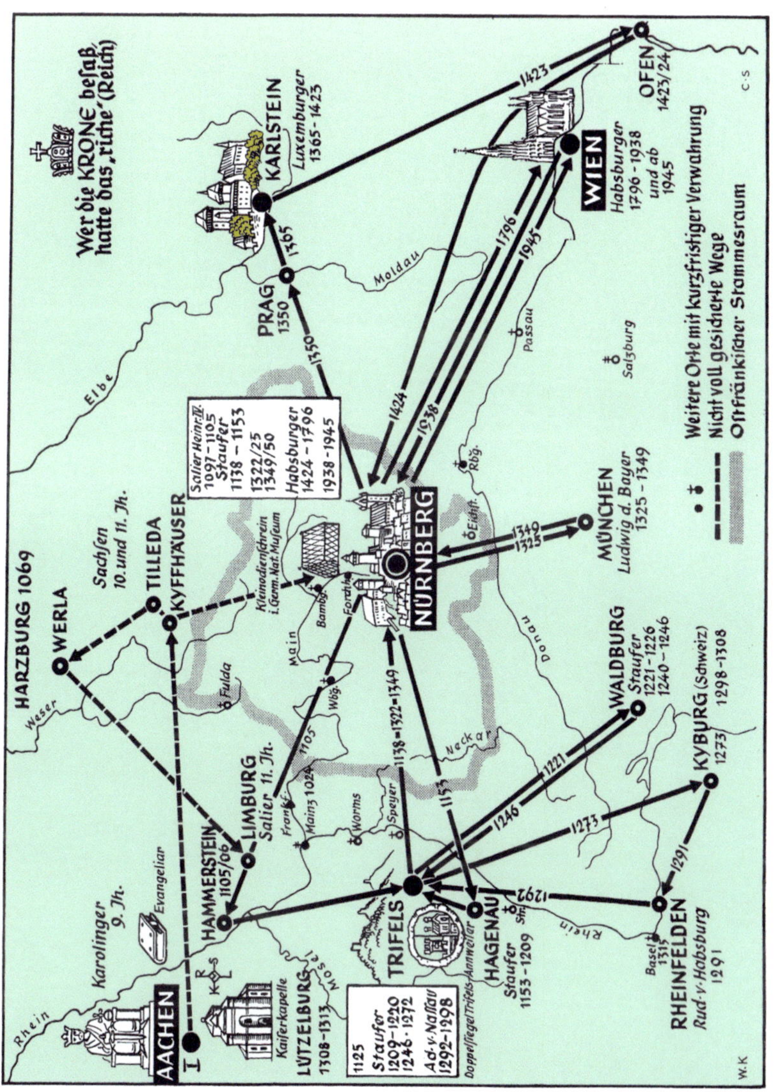

Weg der Reichskleinodien an verschiedene Orte. (Entnommen aus Conrad Scherzer, Franken II, Land, Volk, Geschichte und Wirtschaft, siehe Literaturhinweis 37)

Die Reichskleinodien (1424)

Urkunde.

Wir Sigmund, von Gottes Gnaden römischer König, zu allen Zeiten Mehrer des Reichs, bekennen, daß wir dem Rat und der Stadt Nürnberg, unseren und des Reichs lieben Getreuen die besondere Gnade erwiesen haben und ihnen des heiligen Reiches Heiligtümer anbefohlen und überantwortet haben, nämlich: St. Karls, des Königs Schwert — St. Mauricius' Schwert — die Krone St. Karls, des Königs, mit Edelsteinen und Perlen — 1 Span von der Krippe Gottes in einem langen goldenen mit Edelsteinen verzierten Behältnis — 3 Glieder der Ketten St. Peters, St. Pauls und St. Johannes in einem silbernen, vergoldeten Kästel — St. Annas Arme in einem vergoldeten Behältnis mit ihrem Namen, liegend in einem silbernen, vergoldeten Kästel — den Rock des Evangelisten St. Johannes in einer kleinen silbernen, vergoldeten Lade, auf der ein kleines kristallenes Kreuz in der Mitte ist — 1 Zahn St. Johannes des Täufers in feinem Gold gefaßt in einer kleinen kristallenen Monstranz — den Speer Gottes und 1 Span des hl. Kreuzes zusammen in einem großen Kreuz, das mit Edelsteinen und vielen Perlen versehen ist und dessen Fuß silbern, vergoldet und mit des Reiches und des Königreichs Böhmen Wappen verziert ist — 1 kleines Kreuz, in das das Holz des Kreuzes gelegt wird, wenn man es zeigt — 1 großes silbernes, vergoldetes Behältnis mit einem großen Kristall, in das man den Speer und das Holz des Kreuzes Gottes legt, wenn diese gezeigt werden — St. Karls Gürtel — 2 silberne königliche Zepter, eines vergoldet, das andere nicht — 2 silberne vergoldete Äpfel und auf jedem ein Kreuz — St. Karls Apfel, außen golden, innen hölzern, mit einem Kreuz und Edelsteinen und Perlen — St. Karls silberne, vergoldete Sporen — St. Karls rote Gugel — St. Karls Handschuhe mit Edelsteinen und Perlen — St. Karls Sandalen — St. Karls Strümpfe — St. Karls Gürtel mit einer goldenen Borte nach Art eines Gürtels mit Knäufeln und Schellen.

Bestandteile der Reichskleinodien. (Entnommen aus Otto Barthel, Nürnberg – Ein heimatgeschichtliches Lesebuch. Fränkische Verlagsanstalt Nürnberg 1955 S. 34

27
Heinrichslinie
Nornenlinie
St. Johannis
Pegnitz
Haller Wiese
Kontumazgarten
Schöner Brunn
Karolinenstraße
St. Elisabeth
Breite Gasse
St. Jakob
Vereinigungslinie
Plärrer
Montblanclinie
Straße der Menschenrechte

Rathenauplatz
St. Egidien
Sebald
Frauenkirche
Katharineruine
Wöhrder Wiese
St. Lorenz
Planetenpunkte:
siehe Abb. 26 S. 90
Klara
Bahnhof

Merlins Garten

Mythen, Megalithen und vergangene Welten

Von Roland Roth

ISBN: 9783907246979
250 S., Softcover mit Klappen,
mit vielen Abbildungen

Auf den Suche nach unserer mystischen Vergangenheit ist Roland Roth auf spannende Spuren gestoßen. Er geht den Fragen nach, warum uralte Kulturen mit gewaltigen Megalithen arbeiteten, die über die Dimensionen menschlicher Kräfte hinausgehen. Woher kamen diese Baumeister wirklich und weshalb sind sie verschwunden? Viele Hinweise deuten auf Hochkulturen in der Megalithzeit hin, die vor allem in Mitteleuropa ihren Wirkungskreis hatten.

Natur gestalten

im Stil eines englischen Landschaftsgarten

Von Annette Voigt

ISBN: 9783907246849
188 S., Softcover mit Klappen,
mit vielen Abbildungen

Dieses Gartenbuch nimmt Sie mit in drei der schönsten Landschaftsparks Deutschlands, den in Wörlitz, Bad Muskau und Branitz. Exzellente Gärten, die Geschichte, Natur und Gartenkunst vom Feinsten eindrucksvoll verbinden. Besonders zu Wörlitz und Branitz bietet die Lektüre intensive Einblicke, denn Annette Voigt arbeitet hier in der Gartendenkmalpflege der Hofgärtnereien mit. Erfrischend und authentisch schildert sie wie sich ihr eigenes Gärtnern durc diese Mitarbeit veränderte.

Orte der Kraft und Energie
in Deutschland

Von Adolphe Landspurg

ISBN: 978-3-940392-44-2
268 S., Softcover, mit vielen Abbildungen

Geomantie ist das Erkennen und Erspüren von guten Plätzen in Raum und Landschaft und damit die Grundlage für ein harmonisches und gesundes Wohnen und Leben. Die Aufgabe eines Geomanten besteht darin, baubiologisches Wissen mit der geomantischen Kunst zu vereinen, Räume zu gestalten, den guten Ort zu erkennen und zu erspüren und mit den Menschen in Einklang zu bringen. Damit hat sich die europäische Geomantie von dem ursprünglichen arabischen Wahrsagesystem entfernt und ähnelt eher dem chinesischen Feng Shui.

Spirituelles Gärtnern - Wie man mit Paradies Gärten die Erde heilen kann

Von Silvio Waser

ISBN: 9783906873817
95 Seiten, m.v. Abb., durchg. farb., geb.

Die revolutionäre Erkenntnis: Gärten sind weit mehr als nützliche Lieferanten von Gemüse und Obst! Jenseits der sichtbaren Welt existiert darüber hinaus eine geistig-feinstoffliche Ebene. Dieses Buch hebt sich grundlegend von der Masse an gewöhnlichen Garten-Ratgebern ab und öffnet für den Leser das Tor zum mystischen Naturreich, dem Reich der Elfen und Gnome.